歌舞伎町放浪記

解禁！

新宿夜王
赤裸告白

手塚真輝（マキ）——著

前言

歌舞伎町讓人慾望盡顯，也讓人內心變得赤裸。不對，應該說，歌舞伎町是讓人卸下了內心防備的地方。

「你這傢伙是誰啊？」突然當面遭受如此一問。

無關職業、年齡，也無關性別，我就是我。

自以為高尚只會吃虧，因為沒有人在打分數；順從今日的慾望放浪形骸，才對得起這個地方。花錢不需斤斤計較，隨心所欲，也沒有人會介意。這就是歌舞伎町，每個人都在努力為自己而活。

歌舞伎町向來不是去處，而是幾經漂流才得以停泊的碼頭，也是告別昨日種種，認清自己與重新出發的地方。不管遇過多少失敗與挫折，只要來到這裡就能全部放下，每個人都可以在這裡挑戰敗部復活。

流浪至此的居民，都是以最單純的「人」為身分生存著，所以在這裡很常被問：「你這傢伙是誰啊？」

隱身於歌舞伎町的店家，超過九成都是十坪左右的小店。不管在哪間店喝酒，或是跟誰喝酒，也不管認不認識，常常都會喝在一塊。有時會吵架，有時會愛上對方，但夜晚將永不謝幕。一攤續過一攤，喝到深夜之後，坐在身邊喝酒的人早已換過一輪。隔天才發現「昨天我怎麼會跟這傢伙一起喝酒？」的事情一點也不稀奇。

在歌舞伎町喝酒，很少會有人互遞什麼名片，因為沒有人在意你是做什麼的，在這裡，什麼頭銜或職稱都不管用，每個人誰都不是。

在這裡，「明天還要早起所以今天就先這樣……」的話，毫無意義。

目錄

CONTENTS

第二部・歌舞伎町是充滿包容之處

後記

新宿・歌舞伎町MAP

至地鐵東新宿站
明治通
日清食品
四季之路
Thermae湯
吉本興業
東京分部
黃金街
花園神社
Park City
伊勢丹1
丸井百貨男士館
伊勢丹男士館
靖國通

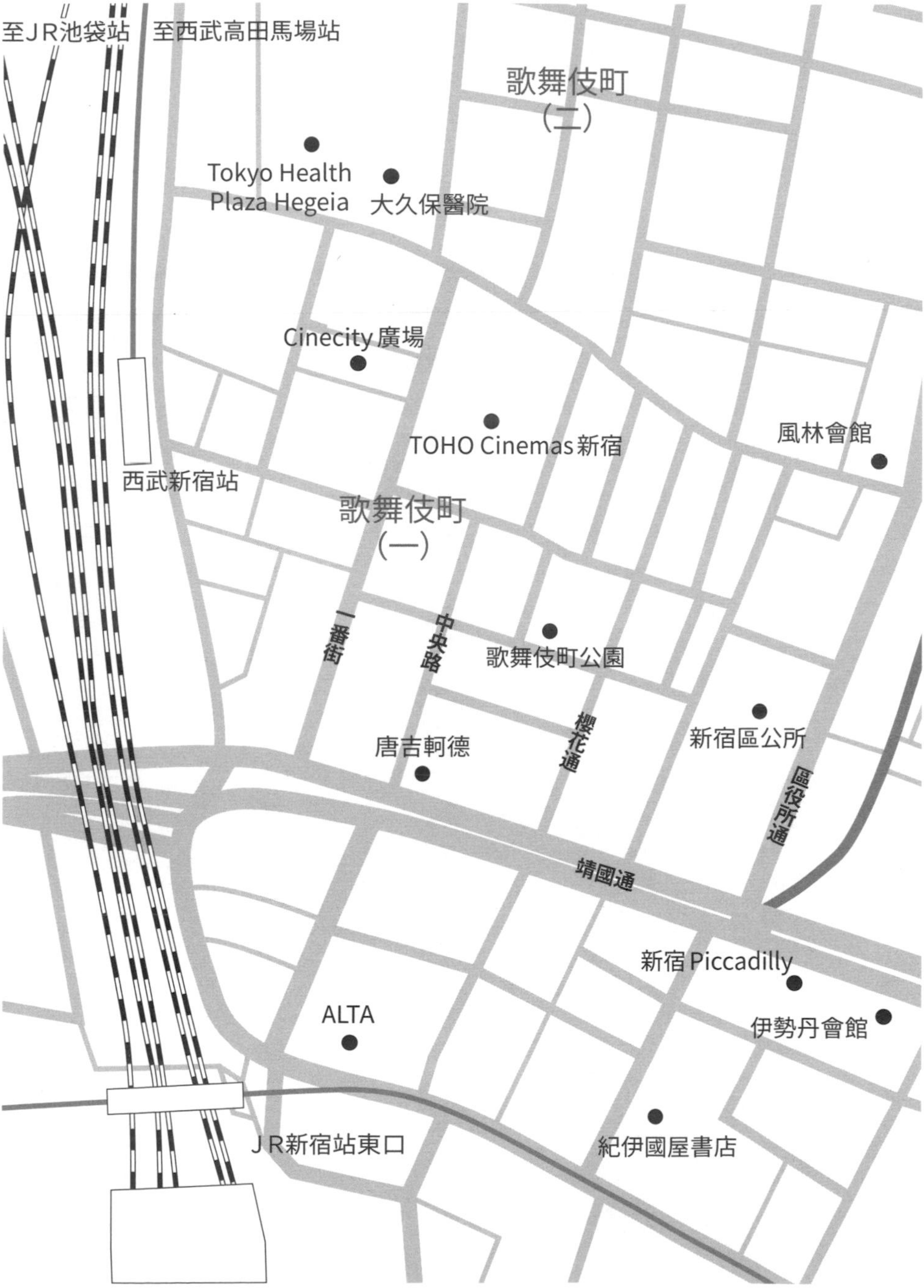
至ＪＲ池袋站
至西武高田馬場站
歌舞伎町
（二）
Tokyo Health
Plaza Hegeia
大久保醫院
Cinecity 廣場
TOHO Cinemas 新宿
風林會館
西武新宿站
歌舞伎町
（一）
一番街
中央路
歌舞伎町公園
櫻花通
新宿區公所
唐吉軻德
區役所通
靖國通
新宿 Piccadilly
ALTA
伊勢丹會館
ＪＲ新宿站東口
紀伊國屋書店

序篇

在新冠疫情陰影下，來自新宿區長的郵件

想了解牛郎店的情況

二〇二〇年五月，東京宣佈緊急事態宣言之後，連日來，日本的電視新聞不斷在報導八大行業是破口，還播出歌舞伎町的畫面。都知事也以親切、溫柔的神情，要求民眾自發性地減少出入這類煙花之地的頻率。與八大行業相關的感染者人數每天都在上升，卻不知這些感染者到底來自何種行業。

五月二十五日，緊急事態宣言解除，街上的氛圍也稍微緩和起來。不過，東京都發表的「戰勝新冠肺炎行程表」的第三階段仍未開放牛郎店營業，也出現了牛郎店有人感染的傳聞。

六月一日，整個社會都是解禁的氣氛，歌舞伎町的酒店與牛郎店也幾乎都自行宣布復業，我經營的牛郎店集團也採取一致的方針。雖然還不確定何時能真的復業，但不能只有我的店一直關門休息。其實，我個人是希望緊急事態宣言能再稍微延長一陣子。「要是新冠肺炎又在全日本擴散的話……而且歌舞伎町又是感染源的話……」這些事光是想想就覺得好可怕，牛郎店一直被當成戰犯這件事也讓我有苦難言。

就在我無計可施，準備逃避現實的時候，新宿區長聯絡我，說是想跟我見個面，聊一聊。

當時的我，腦中立刻浮現很多念頭，例如「要是能透過行政的力量管制整個業界，採用比餐廳更加嚴厲的防疫對策，能不能挽救這個業界的未來？」「能不能跟新宿區長一同打造預防群聚感染的環境和行為方針？」「能否請行政機關的人員來店裡看一看？」

當時的我很期待這次的會面能幫助我們打破眼前的僵局，因為我們已無計可施。

隔天，我自己一個人拜訪了新宿區公所的區長室，在區長室見到區長、保健所長、保健師與新冠疫情防疫對策的負責人。

每間牛郎店都在營業，我的集團也在營業，要是劈頭就被大罵一頓該怎麼辦？一想到這裡，我就先開口致歉。

不過，區長很體諒我，也告訴我，他想談的是該怎麼做，才能確實預防疫情蔓延，他也告訴我，行政機關沒有禁止店家營業的權力。總而言之，他們想跟我討論的是避免二次感染的方案。

他們告訴我，他們不便直接開放營業，但目前的問題在於還沒解除停業要求，所以感染者根本不願吐露感染路徑。他們也想制定避免二次感染的方針，但他們實在不了解牛郎店這個業界，所以不知道該從何處切入。

當下，我告訴他們歌舞伎町的牛郎店現況。歌舞伎町約有兩百四十間牛郎店，大部分都由集團經營，也已經企業化，還告訴他們在歌舞伎町工作的都是怎麼樣的人。在講完牛郎店的現狀之後，我也直接了當地告訴他們，牛郎店一直以來都是如何面對疫情，對電視報導又有哪些想法。

保健所長提到，有很多牛郎每年都為了打流感疫苗而來到區公所，他覺得這些牛郎都很直爽與可愛，也知道他們很重視防疫，絕不像電視新聞報導的那樣，是不負責任的人。他不想責備那些不願吐露職場現況的牛郎，也知道錯不在牛郎。看得出來保健所長很體諒牛郎，態度也很溫柔。他甚至告訴我，就算很年輕，感染新冠肺炎還是有可能轉成重症，所以區公所也很重視牛郎的健康。

區長在了解牛郎店是新宿的重點職業之後，便跟我一起思考該怎麼預防，才能持續避免疫情蔓延，也提到該怎麼做，才能讓牛郎業界的人維持生計。在與區長談話的過程中，我可以感受到區長有多麼認真，也知道他真的不想將歌舞伎町視為破口。

我從他們身上得到了正確的新冠肺炎資訊，而不是真假難辨的小道消息，當下便覺得「他們是能與我一起想辦法度過這次疫情的好夥伴」。

我想跟其他同行分享我當下的心情，也希望行政機關能多了解我們一點。我認為，像這樣直接見面，是建立互信基礎的捷徑。

我拜託區長在隔天與後天的下午空出一段時間，因為這是牛郎店經營者最有空的時段，區長也立刻一口答應，還承諾不管有什麼事，一定會空下時間。我相信，其他同行一定能感受到區長與其他行政人員的熱情，民間與官方也一定能攜手合作，一起度過新冠肺炎的疫情。

牛郎店長期以來對行政機關的不信任

加快腳步回到辦公室之後，我便信心滿滿地打了幾通電話給幾位經營牛郎店的同行。我告訴他們「新宿區公所是我們的同伴，跟我們的利害關係一致，他們不希望新冠肺炎繼續蔓延，也不希望我們再被當成戰犯」。我只告訴他們這兩件事，希望他們能配合保健所的調查，也希望他們明天或是後天一起去區公所，直接聽聽區長的意見。

只可惜，沒有人贊成與認同。

他們告訴我「如果跟行政機關聯手，結果他們翻臉不認人的話，該怎麼辦？」因為過去的確有被背叛的記錄。

「不管社會大眾怎麼說都沒關係，反正現在已經可以營業，不想節外生枝。」

「只要不是造成新冠肺炎繼續蔓延的凶手就好。」

「我自己用心防疫還不夠嗎？有必要多此一舉，惹禍上身嗎？」

「要是去了一趟保健所，反而被認證為是破口的話，有可能連店名都會被公佈，所以不能寫真的職業與地址。」

「就算要求發高燒的人去檢查，對方也不會去，所以一直以來，我們都是自己在飯店隔離，如果真的發現確診者，就先把店關起來消毒，再視情況讓健康的員工負責開店。」

「最棘手的就是沒辦法要求發高燒的人接受檢查。即使到了現在，他們還是覺得沒關係，所以就算了吧！」

「反正像以前一樣躲起來就好了，我早就習慣被當成壞人了。」

這些就是來自第一線的聲音。

這是長期躲在陰影底下的人才懂的生存之道。自己的性命，由自己保護。

我總是把「喜歡歌舞伎町」這件事掛在嘴邊。有些事，只有在歌舞伎町待超過二十年，從不屬於任何派系的我才做得到。於是，我也開始認真了解疫情是怎麼一回事，因為實在沒辦法對現況視而不見。

在半強迫之下，隔天只有兩個後輩的集團來到保健所。

直到深夜兩點，我還是煩惱得睡不著，並再次深刻體會到，大家多麼不信任行政機關。在他們心中，行政機關或是其他公家機關都是負責取締的人，而自己是被取締的人。既然都知事把我們這群人視為眼中釘，現在跟新宿區合作又有什麼意義？

我寫了封信告訴區長說，號召大家合作這件事有多麼不順利，同行對行政機關有多麼不信任。我一五一十地把大家的想法告訴了區長，所以希望在會議的一開始先介紹行政機關的基本架構，隔天將會決定大家是否願意配合。沒想到，區長竟然還醒著，也立刻回信告訴我，他覺得至今未能建立互相信任的關係，是他的責任。他也告訴我，哪怕只有我一個人去，也會敞開大門等著我。

區長與牛郎店的首次對談

六月三日，當我看到來自三個集團的二十個人來到保健所的時候，我真的鬆了一口氣，區公所的人也像招待貴賓般，請他們移步會議室。

一開始，區長先問候大家，之後就如我昨天深夜拜託的一樣，為大家仔細地講解了一番，保健所長也說他最在乎的是我們這群人的健康。

牛郎的質疑既急迫又實際。假設真的出現確診者，重新營業的時候，店名真的不會被公開嗎？大部分的質疑都與整間店的利益有關，不過區長與區公所的人依舊鉅細遺靡地解答了牛郎們的各種疑惑。

會議尾聲，某位牛郎的發言讓會場的氣氛為之驟變。

「每次下了電車，剛從新宿站走出來想喘口氣時，就看到ALTA的大型燈箱上面寫著小池都知事宣導的『遠離夜生活』，讓我不知該以什麼樣的心情去歌舞伎町上班。」

牛郎他們在乎的不只是利益，還有自己的生存意義。這番話讓區長與區公所的人陷入沉默，他們的表情也告訴我，他們知道牛郎抱著什麼樣的心情。

牛郎應該也知道區長對他們沒有敵意。這場座談會結束時，整整超過預定時間兩個小時，大家也說幸好有來參加。

有來參加的人透過歌舞伎町的牛郎店經營者 Line 群組，報告了今天的事情。晚上，我也收到其他店家隔天要來參加座談會的訊息。

那些重新申明要參加的人，比第一天就來參加的人更不相信政府機關。想必他們是抱著半信半疑的態度前來偵察的吧！

區長真摯地應對

六月四日，來參加會議的人比前一天多，大概增加至三十人左右，而且有一大半都是與我沒什麼交集的人。會議一開始，區長與保健所長還是與昨天一樣，親切地為大家說明了會議的目的。更正，是聽取了我的建議，態度比昨天來得更加親切。到了牛郎發表意見的階段，果然一如預期，大家果然都對新宿區一起執行新冠疫情防疫對策這件事，有所質疑。

一開始，業界龍頭先行發問，與其說是發問，不如說是替整個業界發出沉痛的呼籲。他以堅毅的口氣讓區長知道，國家與東京都的措施，以及歌舞伎町因為這些措施而遇到哪些指責，更讓區長知道在歌舞伎町工作的人，在這段時間又是懷著什麼心情。

區長回答這些問題的時候非常真誠，完全不像電視上那些政治家一樣含糊其詞，也承諾會對國家與東京都表達意見。

但接下來對區長的要求卻更加尖銳。

「請區長公開表示，歌舞伎町可以正常營業。」

我想會如此要求，全是因為這些人身上背負著許多人的期待使然。

不過，我選擇在這時候挺身而出，不能讓區長一個人背負更多的責任。「既然行政機關願意主動接觸我們，我們也應該有所體諒才是。」我試著安撫牛郎們的情緒，也告訴他們：「之後我們應該要互相信賴才是。」

後續也有不少人積極提出意見。

比方說，對媒體報導的不滿，或是牛郎店與餐廳或電車有什麼不同。也提到，牛郎店一直以來都有執行應有的防疫措施。有些人則認為應該有更多這類的行政輔導介入，也希望官員能來現場輔導。有些則提到有沒有抗菌、抗病毒的輔助金。

牛郎提出了許多具體的質問，區長與區公所的人也正面回答了這些問題。

我隔天也去了新宿區公所，算起來是連續去了四天。

之所以去新宿區公所，是想要根據這兩天的座談會結果，談談後續的作為。我拜託區長盡量騰出時間與業者面對面交談，區長也當場給我承諾，安排了十次左右的座談會，同時還提到除了牛郎店之後，希望能與歌舞伎町的其他行業一起建立防疫聯絡會，以便由內而外防堵歌舞伎町的疫情，也打算邀請媒體大肆宣傳，記者會的日期也訂在六月十八日。

不料當天晚上，副知事卻率領的糾察隊帶著一大群媒體在歌舞伎町巡邏，一邊要求大家不要群聚，一邊提醒大家東京的緊急事態宣言仍未解除。

我心想「現在到底是什麼情況？」便打算去看看糾察隊在做些什麼，但找了一會兒，也沒看到糾察隊。由於我沒遇到朋友，所以也不知道糾察隊到底在哪裡。

正當我打算回到辦公室的時候，就看到一大群黑道在街上跑，還看到他們圍住某台廂型車，同時從廂型車的側面與後面爬進車裡。車內有個人邊講電話，邊往反方向跑之後，剛剛那群人之中的幾個人便追了上去，而我們幾個人就如河水氾濫，泥浪滔滔之中的孤島一般，只能站在原地，眼睜睜地看著這群人從身邊的兩側跑了過去。慢慢地，黑道、圍觀者與警官也越來越多，我心裡不禁浮現「啊！果然是歌舞伎町啊……」的想法。

三教九流齊聚的歌舞伎町

六月七日。這天明明是星期日，區長卻從一大早就開始忙；下午則是要與西村經濟再生擔當大臣，以及東京都知事會面。聽說區長之前就曾與西村大臣見面，並反應了歌舞伎町目前的防疫措施，也希望西村大臣提醒都知事，不要再那麼針對歌舞伎町，也不要一直在旁邊煽風點火。區長希望我跟業界的人提到這件事，而且不會只是口頭說說，還會實際採取行動。

下午，就是與西村大臣的會面。看來西村大臣是把區長的話聽進去了。西村大臣提到服務業與餐飲業的重要性，也希望我們與新宿區能攜手合作，打造「新宿示範區」，作為其他區域的範本。

看了這場會談，歌舞伎町的其他業者應該也會信任政府。曾經出現過確診者的店家也願意整間店一起接受ＰＣＲ檢查，業者也實際配合相關的措施。雖然之後的每一天，新宿區的確診者人數依舊快速增加，但都知事、大臣也明白表示，只要知道感染途徑就不是什麼大問題。

之後，雖然確診者的人數未能減少，但是輿論對八大行業的抨擊持續趨緩，而且業者也願意率先接受相關的檢查，一切算是往前踏出了第一步。

六月十二日，創立防疫聯絡會的最終協調。新宿社交料理飲食業聯合會、歌舞伎町商店街振興公會、日本八大行業協會以及其他行業的業者聚在一起，召開了防疫聯絡會的事前準備會議。

這場事前準備會議確認了一些重要事項，例如官方與民間攜手抗疫的態度，透過內部與外部的宣傳避免歌舞伎町被汙名化，以及採取更實際的行動，預防疫情蔓延。

六月十八日，防疫聯絡會成立當天，許多媒體受邀前來，牛郎店業界的五大龍頭也出席。

會議很順利地進行，業界、在地士紳也紛紛表達了意見。最後發言的是新宿黃金街商店街振興公會的理事長。

「雖然外界對於歌舞伎町的印象只有牛郎，但其實歌舞伎町除了牛郎之外，還有很多商家，例如牛郎店、黃金街、夜總會、柏青哥店、餐廳。有的是新開的店，有的則是老店，這裡有各行各業，歌舞伎町就是三教九流聚集之處。」

這位大前輩在我們這些扯後腿的牛郎店，以及被掃到颱風尾的餐飲業者面前，如此安慰我們。

這正是我所愛的歌舞伎町。

第一部

歌舞伎町是幾經漂流才得以落腳之處

歌舞伎町到底是怎麼樣的一個地方？

我已經待在歌舞伎町超過二十年，但走在街上，還是常常被拉客的人攔下來。雖然我在這裡生活了二十年以上，卻不算是這裡的名人。與沒來過歌舞伎町的人一起逛街的時候，對方也說：「我還以為會有很多人跟你打招呼。」雖然我很常對歌舞伎町發表言論，但絕對不算是歌舞伎町的門面。

不過，就算我對歌舞伎町說三道四，應該也不會有任何人抱怨。到底認識多少人，待在歌舞伎町多少年或是擁有多少間店，才能以當事人的立場替歌舞伎町發言？在這個龍蛇雜處的歌舞伎町，是沒有這種標準的。

或許每個人都會認同我所說的，不過，在歌舞伎町生活這件事，對自己與對別人都是非常特別的。有些離開歌舞伎町的人會不願提起在這裡的生活，有些則會把歌舞伎町的生活描繪得跟傳說一樣。很少人會只把歌舞伎町當成過站不停的風景，因為對這些人來說，歌舞伎町是特別的，所以接下來我也要聊聊心中最愛的歌舞伎町。

暴動會在澀谷爆發，卻不會在新宿發生的理由

監視器的效果

我一直認為，歌舞伎町是全世界最安全的鬧區，但也有很多人持反對意見。

一九九七年我來到歌舞伎町，成為這裡的牛郎，從牛郎店的員工爬到經營者的地位，後來成為了 Smappa! Group 的會長，在歌舞伎町經營牛郎店、酒吧與美容院，並從二〇一七年開始，擔任歌舞伎町商店街振興公會常任理事。若從牛郎的時代開始計算，這二十三年來，算是看盡了歌舞伎町的形形色色。

我第一次覺得「歌舞伎町是全世界最安全的鬧區」，是在二〇〇二年的時候。當時，有五十台監視器進駐歌舞伎町的街道，歌舞伎町是警視廳生活安全部首次大量安裝監視器的鬧區。雖然「暴對法」（防堵黑道不當行為的法律）也有一定的效果，但一如我們這些居民在店裡喝酒的時候，很愛開玩笑地說：「在雨天撐傘的話，監視器就拍不到，所以雨天的街上有很多看起來可怕的人。」足見我們對監視器有多麼信賴，但我們也都知道，為非作歹的話，一定會立刻被逮捕。

話說回來，除了警察設置的監視器之外，一樓的店家通常也都會自行安裝監視器。每間店安裝監視器的目的雖然不盡相同，但通常都是為了避免路上的醉漢找碴，或是避免自家的客人在店裡搗亂。基本上，監視器有效地防堵了這些麻煩，不過也有不少監視器只是用來嚇嚇人，沒有真的連上線。

警察也認為監視器的效果顯著，所以之後又增加了五台監視器，甚至換成規格更高的款式，徹底消除了歌舞伎町一丁目的死角，各地的鬧區也紛紛效法歌舞伎町設置監視器。

警視廳的官網指出，監視器設置完善的地區在二〇〇二年至二〇一八年這段期間，刑案通報件數減少至一半左右，而且就我個人的感覺而言，最近幾乎沒看過有人在大馬路上吵架。

位於歌舞伎町正中心的歌舞伎町警察局也設有八位警官，以輪班四次的方式每天二十四小時在歌舞伎町巡邏，所以只要在歌舞伎町撥打110，警察不用五分鐘就會抵達現場。我也看過在歌舞伎町二十四小時巡邏的警察。

「不共生，但共存」

除了監視器、警察這些屬於官方的力量之外，歌舞伎町也有民間的自制力，那就是來自眾人的眼光。

只要走在歌舞伎町的路上，前後十公尺之內沒有能躲開他人目光的地方，不管走到哪裡，也不管是什麼時間點，一定都會有人，而且一定有人盯著你看。

我手上雖然沒有精準的資料，但在新冠疫情爆發之前的十年之內，造訪歌舞伎町的遊客似乎增加了一倍以上。每天能有這麼多人造訪，表示這裡有著五花八門的店家林立，而這全因此地擁有由來已久的「地下秩序」。這種秩序可不是只有警察或監視器就能形成，我也不覺得純粹是因為有「警察盯著」的緣故。

這裡當然也有那些從沒來過歌舞伎町的人想像中的「凶神惡煞」，但只要我們沒有亂來，他們絕對不會加害我們。在現今這個時代，這些反社會分子要找一般市民麻煩也得冒很大的風險。假設真的與一般市民產生糾紛，組織的老大就得背起責任，所以沒有人會輕舉妄動。

這些人不管再怎麼生氣也會自制，另一方面，對歌舞伎町的居民來說，也沒人敢小看或嘲弄他們。

在歌舞伎町工作的人或是在歌舞伎町過著遊戲人生的居民，雖然都很放鬆，但對彼此仍保有一定的分寸，而且在歌舞伎町工作的人，大部分也都會選擇在歌舞伎町享樂，同時無論玩得再怎麼盡興，也會謹守最低程度的道德，避免給周遭的人惹麻煩。

歌舞伎町大概有六百棟大樓，假設一棟大樓有十間房間出租，那麼就算把住宅或事務所的比例估得高一點，這裡也至少有四千間以上的店家。而直到現在，仍沒有人能夠掌握所有的店家。

這些為數眾多的店家，都各自擁有自己的地盤。不過，這裡指的不是實際的地理區分，形容成「社群」或許比較精確。這些人在自己建立的安全範圍之內，得以好好解放自己的內心。

我的公司在歌舞伎町經營了六間酒吧，每間酒吧都有固定的員工，也有幾名同時遊走於多間酒吧的員工，我會給這類員工機會，擴張做生意的地盤。他們不僅在我的集團有自己的地盤，也在歌舞伎町有地盤，而地盤重疊的部分就是我集團旗下的店。這就是往外擴張地盤、共享地盤的文化。

「不共生，但共存」是長年擔任歌舞伎町商店街振興公會事務局長的城克先生的名言，我也覺得這句話完全足以形容歌舞伎町。這裡沒有常規，也沒有底線，卻有著歌舞伎町才有的道德觀。保護自己的地盤，同時也尊敬別人的地盤。

如此重視地盤的人，若看到有一群人佔住自己好友的店門口喝著自帶的罐裝啤酒，當然會特別注意一下他們。如果遇到了大搖大擺，又不懂得禮貌的奧客，甚至會直接把他們趕出去。我不知道看過幾次這種事情，而我自己一直以來也都會這麼做。

說到這裡，或許大家會覺得「第一次來歌舞伎町的人可能會玩不太開」，某種程度上這不算說錯，因為歌舞伎町很少有那種號稱只去一次，就能玩得超開心、喝得超盡興的炒話題店家，但歌舞伎町的魅力在於能在這裡建立長久的人際關係，而且這裡還有很多不在乎你的職業與性別，願意平等地與你交往的社群。

每年進入四月之後，會有一些新人在街頭拉客，路上到處都是隨手丟棄的菸蒂，但是進入冬天之後，垃圾量就會減少，然後這些人也成為了這裡的居民。

二〇一八年的萬聖節，澀谷發生了掀翻車子的暴動。如果這件事是在歌舞伎町發生，拉客的人應該會立刻前去阻止，以免妨礙店裡的生意。拉客雖然是違法的行為，但就某種意義而言，他們也維護了歌舞伎町的和平。

如果在店門口鬧事，店裡的人一定會出來制止，而且就算是我的店發生問題，附近的店家或客人也幾乎都會幫忙解決，每個人都把別人的事當成自己的事。

長年在歌舞伎町工作的人和客人，總是像這樣將歌舞伎町視為自己的故鄉，在街頭保護著屬於自己的地盤。

歌舞伎町沒有簡單、美味的餐廳

不想依賴觀光客

每次被問「歌舞伎町有沒有好吃的餐廳？」我都不知道該怎麼回答，因為每個人對於「美味」的定義不同，實在很難推薦，所以我總是會開宗明義地說：「這裡沒有你想像中的美食餐廳。」

如果是以米其林的星星為基準的人，我通常會建議他們「先想像自己是在外國旅行」，然後就比較容易推薦。反而是連那些裝模作樣的在地美食都能接受的人，比較難向他們推薦適當的餐廳，因為看起來有點髒，卻超級好吃的店到處都有。歌舞伎町也有那種看似不太衛生的店，只是其中會讓人一吃便為之驚豔的店家還真是少之又少。

歌舞伎町沒有去一次就能令人滿足的店。

在這裡的每間店，都是某個人日常生活的一部分。

歌舞伎町很少那種去過就彷彿蓋上紀念戳章，或是能自抬身價的店家。店家這邊也沒想要設計什麼可以登上新聞版面的特殊商品，因為撐起整間店的，是平常就會去消費的常客，所以店家在意的是這些人的喜好。

位於歌舞伎町一丁目的餐廳街、新宿黃金街，在二〇〇〇年的時候，還不像現在這麼流行，是直到二〇〇〇年開始，有一些年輕人承租了閒置的店面，慢慢讓整個歌舞伎町因為新舊居民雜處而變得很有趣。二〇〇〇年之後，又因為被米其林指南這類外國的旅遊指南書籍介紹，導致歌舞伎町出現了許多海外觀光客。我的店當時也準備了英文菜單，員工也學了英文，然後正打算以外國觀光客為主要客群之際，竟突然發生了311東日本大地震。

在這場天災讓外國觀光客銷聲匿跡，大家都很後悔之前過度依賴觀光客源，也學到一時的過客是多麼不可靠的教訓。甚至有很多店家因為太優待旅行團客，導致常客不再光臨。那時候大家都搶著接待觀光客而得意忘形，沒能看出真正重要的事情。

雖然之後訪日遊客又回籠，但幾乎沒有店家想再單純依賴觀光客做生意，越來越多店家甚至直接拒接幾人以上的團客，或是乾脆拒絕外國客人。二〇一九年舉辦世界盃橄欖球賽的時候，有許多歐美人士來到歌舞伎町，但多數只在便利超商買酒，然後坐在路邊喝酒、喧鬧（唯獨日本會將這種在路邊喝酒的行為，視為觀光資源的一種，但看在做生意的人眼中，還是希望遊客能坐在店裡喝）。有許多觀光客在路邊鬧累了，也喝醉了，就想到店裡坐一坐，休息一下，結果就產生許多糾紛。黃金街有許多店家在那時候都把外國觀光客列為拒絕往來戶。

真正該挽留的是平日會常來光顧的客人。黃金街與歌舞伎町的店家多半是一個人獨力經營的小店，一次能接待的客人也很有限，不太可能空著座位不做生意，只為等待不知是否會光臨的觀光客。

黃金街也好，歌舞伎町也罷，許多人都聽過第一次來我們這裡的人，很難玩得起來的說法，但其實這是長期經營之後，自然而然形成的經營模式，我們絕對沒有在挑客人，也沒有要故作姿態，以刺激顧客的虛榮心。我們這裡與那些位於港區的會員制酒吧不同，無法提供「在這裡喝酒很高尚」的附加價值。

雖然乍看之下，這裡的店都沒什麼特色，但沒有特色也正是一種特色。

歌舞伎町的料理無法提升品質的理由

出生良好的人有一項特權，那就是自幼就有機會培養出敏銳的味覺。我雖然不是什麼名門之後，但拜經營特種行業之賜，從二十歲出頭開始，就有機會嘗盡各種美食。對此，我真是滿心感謝，到了三十幾歲之後，我便培養出懂得分辨美食的味覺，也有機會與歌舞伎町之外的人交流。

有些牛郎與酒店小姐跟我一樣，自年少就在得以訓練味覺的環境下長大，但是歌舞伎町的料理與酒，水準依舊不高，也很少店家能在美食網站拿下高分。

在我的集團之中，也有以飲食為主的店，但還是很難成為被美食網站介紹的名店。雖然我在每個月的會議上痛罵「給我提升飲食的品質」，卻很少員工聽進去，不管是酒還是料理，品質永遠不上不下。第一線的員工很清楚，客人想要的不是美食與美酒。

第一線員工重視的是「服務」，是與客人之間的關係。

歌舞伎町最常見的就是自稱酒吧的店，不過酒吧也有很多種。一般人心目中想像的酒吧畫面，大概都是在很高級的氣氛下，調酒師搖著雪克杯，幫客人獻上雞尾酒的意象，但這種酒吧在歌舞伎町只有區區幾間，大部分的酒吧都以簡單的調酒或是稀釋過的燒酎為主打。

在歌舞伎町這裡有很多既非牛郎店，也非酒店，但氣氛卻很相似的小酒吧。這類酒吧通常稱為 After Bar（工作結束後小酌的酒吧），但這種酒吧基本上只提供燒酎、罐裝啤酒、香檳與龍舌蘭酒。在歌舞伎町，到處都是這種店。

牛郎店或酒店通常只營業到凌晨一點，而且大部分都會遵守法令。在這個時間點結束營業後，牛郎們可能就會跟客人出場，或是幾個人一起喝酒，這時候去的就是剛剛提到的酒吧。牛郎店與酒店林立的地方，通常都會有幾間這種下班之後去的酒吧。

After Bar 是牛郎與酒店小姐下班之後放鬆或放空的地方。就算是跟客人出場時去，也不像是在自己上班的店裡，所以不需要在意繁瑣的規矩，也不用一直轉檯，更沒有非得提高業績的壓力。許多 After Bar 的老闆原本都是牛郎或酒店小姐，既非同事，又非競爭對手的他們，是最理解這一行心聲的人。

有時候這些老闆還會幫忙介紹客人，或是幫忙調停牛郎與酒店小姐和客人之間的糾紛，所以 After Bar 不只是喝酒的地方，還能彌補自己的店的不足之處。

其實，這類酒吧的老闆通常也是歌舞伎町有頭有臉的人物，所以有時甚至會介入店家之間的糾紛，也扮演著在背後撐起歌舞伎町特種行業的角色。我的公司旗下沒有 After Bar，不過我的員工私底下倒是與幾間這類酒吧有來往。跟這類酒吧的老闆打好關係是非常重要的，我的員工應該常跟老闆訴苦，講一些不能跟前輩講的抱怨吧。歌舞伎町，就是在這樣互相扶持的關係下成形的。

我沒有任何輕視酒的意思，但酒後才會吐真言，這也是歌舞伎町的酒吧最主要的功能，其他的都不重要，更重要的是「到底是跟誰酒後吐真言？」

這類酒吧通常不太重視音響設備，店裡播放的音樂也通常是西洋老歌，所以只要敢走進店裡，就能享受彷彿時光倒流的氣氛。不過，也是因為這是歌舞伎町的流行才顯得如此有趣，有種視時下流行於無物的感覺。說不定，沒有任何堅持就是一種堅持。

當然也有老闆很講究的店家，而且我也覺得這種店家在歌舞伎町扮演著重要的角色。很多人對自己的店很自豪，很多人則不願意跟周邊的店家互助，一副我行我素的模樣。有些人則希望透過自己的店吸引更多來自歌舞伎町之外的人，而不是藉助歌舞伎町這塊招牌招攬客人，而且這些店家也的確讓更多人願意來歌舞伎町一探究竟。

不過另一方面，這類店家有很多後來都離開歌舞伎町了。既然不需要歌舞伎町這塊招牌也能做生意，那麼在歌舞伎町做生意反而是個缺點了。首先是房租太貴，還有「從車站到歌舞伎町這條路很可怕……」諸如此類都是在歌舞伎町開店的缺點。只要能做出特色，在東京都內絕對可以找到租金相同，但環境更好的店面，所以這些店家才紛紛外移。

我由衷覺得在這種情況下仍然願意留在歌舞伎町，也有一定講究的店家，必須得到更多的重視才對。

歌舞伎町真的很多黑店？

敲竹槓的法律定義

「怕被敲竹槓，所以不敢去歌舞伎町。」

「該怎麼做才不會被敲竹槓啊！」

每當我提起在歌舞伎町工作這件事，總是會聽到這些事情，我通常都會先反問：「被敲竹槓是什麼意思？」這時候大部分的人都說自己沒有真的遇過，只是在電視上看過而已。

「電視上不是很常看到這些被敲竹槓的故事嗎？不是有那種被小姐拉住，對方嬌滴滴地說，我們店只要○○日圓喲……跟著去店裡之後才發現櫃台站著面目猙獰的壯漢，結果嚇得立刻結帳，付了十萬日圓才能走出店門之外的故事」。

大部分都是這種既抽象又很主觀的故事，就算真的曾經被敲竹槓，也通常是喝醉之後的證詞，往往缺乏客觀性。

那麼敲竹槓在法律上的定義到底是什麼？東京都在二〇〇〇年實施了「禁止特種行業不當拉客、不當收費與提供性交易場所的相關細則」，換言之，就是所謂的「東京都敲竹槓防止條例」。

因此，敲竹槓在法律上的定義就是使用「足以使人誤會該項業務的收費比實際低廉的話術或標示」（第四條第一項第一款）。

簡單來說，店家最初告知的服務與金額必須與實際的狀況一致。

站櫃台的人一臉橫肉、前菜很寒酸或是服務很糟糕，這些都是主觀陳述，不能只憑這些事情就說店家是「黑店」，因為重要的是「事實」。

二〇一五年的歌舞伎町傳出很多被敲竹槓的故事。

當時東京律師公會每到週末，就會來歌舞伎町，沿街向拉客的人、店家或路人呼籲「小心被敲竹槓」這件事，甚至會利用耳熟能詳的名人聲音，在大街上整天廣播「不可以跟著拉客的人走」這句話。

不過，被敲竹槓的案件仍然層出不窮，歌舞伎町警察局的門前總是會有疑似被敲竹槓的客人與店家排成的人龍。

大部分的爭議都是：有沒有事先說明收費方式？價目表有沒有貼在容易看得到的地方？是不是客人認知的價格，店家都會主張「已經事先說明了收費方式」，但客人通常會聲稱「根本聽都沒聽過」。

警察當然不會被捲入「到底是不是被敲竹槓」的爭論，卻又覺得很麻煩。因為事實與主觀的陳述很難劃清界線，所以大家才會請警察主持公道。

「讓收費方式變得複雜」的策略

二〇〇〇年「東京都敲竹槓防止條例」實施之後，曾傳出敲竹槓疑雲的店家也改善了可能被質疑的部分；店家也越來越懂得妥善處理糾紛。

因為大部分的餐廳都是先讓客人點餐，最後才結帳，所以大部分的人都遇過結帳金額跟想像中不一樣的事情吧！

不過，牛郎店或酒店確實會讓人覺得「結帳金額比想像中的高」，因為多數店家從一開始就存心這麼做。

我建議一開始先讓負責拉客的人說：「基本消費只要〇〇日圓，不過其他的消費則需另計。」比方說，可讓拉客的人依照下列的方式說明：

「我們店裡的消費是一個小時三千日圓，內含服務費與消費稅，燒酎則可無限暢飲。但是，超過一小時之後，就會自動延長為一般坐檯費用，小姐的酒錢以及點檯費用則另外計算，而這些費用都包含服務費與消費稅。」

電視上或被敲過竹槓的人之所會覺得歌舞伎町有很多「黑店」，原因就出在「但是」之後的部分，也就是所謂的「服務費」。所謂的服務費，很類似有提供服務的餐廳或飯店的小費，只是它是另外疊加在消費金額上的費用。

服務費雖然很像外國的小費，但小費是由接受服務的一方決定給不給和給多少，但服務費則是直接加在總消費金額之上的費用，所以客人無權決定付不付這筆費用，以及該付多少。

八大行業這個業界都是先加總了點單費用後，再加上服務費與消費稅，然後向客人請款。牛郎店的服務費行情大概是35％～50％，至於酒店則是20％～35％左右，之後再加上消費稅。

如果只聽到這裡，大概會覺得「這有問題嗎？」因為高級餐廳也是如此計費，但八大行業總是會摻雜一些雜七雜八的費用，例如座位費、點檯費這類的費用。

假設，你是在晚上八點進去圖表1這種消費方式的店家。一開始一定會先收基本消費的七千日圓，接著再加下酒菜或前菜的座位費二千日圓。

你點的是啤酒（一千日圓），陪酒的小姐也點了啤酒（一千日圓）。過了一會兒，換了另一位小姐坐檯，再點了一杯雞尾酒（一千日圓），而你希望把她留在這檯，一直陪你喝酒，所以花了三千日圓的點檯費。接著再點兩杯啤酒（二千日圓），小姐又續了一杯啤酒（一千日圓）。

喝到這裡你打算結帳，這時候已經是晚上九點半。結帳金額分別是基

圖表1

基本費用(60分鐘)	
20:00～20:29	7,000日圓
20:30～20:59	8,000日圓
21:00～LAST	9,000日圓
座位費	2,000日圓
延長(30分鐘)	4,000日圓
消費稅、服務費	消費稅10%、服務費20%

其他	
指名費*	3,000日圓
場內指名費*	3,000日圓
同伴費*	3,000日圓
延長方式	自動

酒水費	
啤酒	1,000日圓
雞尾酒	1,000日圓
燒酎、威士忌、各種瓶裝酒	8,000日圓～

*「指名費」類似點檯費用，「場內指名費」則是走進店裡之後，另外點當天上班的小姐或牛郎坐檯的意思。「同伴費」則是約他們在上班之前，陪你吃飯或買東西的費用。

圖表2

	數量	單價	金額
基本消費	1	7,000	7,000
座位費	1	2,000	2,000
延長30分鐘	1	4,000	4,000
啤酒	4	1,000	4,000
雞尾酒	2	1,000	2,000
場內指名費	1	3,000	3,000
	小計		22,000
服務費20%			4,400
	小計＋服務費		26,400
消費稅20%			2,640
	小計＋服務費＋消費稅		29,040
	合計		29,040

本消費七千日圓＋座位費二千日圓＋延長三十分鐘四千日圓＋酒水錢六千日圓＋點檯費三千日圓＝二萬二千日圓。這個金額還要乘上20%的服務費，所以是二萬二千四百日圓，最後還要乘上消費稅，所以是二萬九千零四十日圓（圖表2）。

這就是帳單上面寫的金額。雖然算不上是敲竹槓，但一般人其實很難算得清楚。

如果越喝越茫，就不太可能在每次點酒的時候，根據菜單上面的費用算出乘上服務費之後的金額。若你是不常這樣算錢的人，恐怕很難算得這麼細。牛郎店其實也有這個慣例，所以我看過好幾次，客人在結算時覺得「怎麼可能那麼貴」

而跟店家吵架。

為了避免這類情況發生，牛郎通常會在客人點酒的時候，會請店裡的內勤者（負責店內營運、計帳的人）過來，問他們「點了〇〇之後，消費金額會是多少呢？」這點對客人與店家來說，都是一種麻煩。

試著廢除服務費這種酒店的「心機」之後……

我也覺得這種八大行業特有的結帳方式太複雜，所以為了讓金額更透明，我的集團廢除了服務費，也將座位費、指名費這些費用全部廢除，讓菜單上的金額等於最後的消費金額。

當我要求集團之內的所有店家都用如此透明的方式計費之後，就遇到有人反應「太貴」這個問題。

客人會說：「這麼貴怎麼點得下去……」牛郎也會說：「這麼貴很難要客人多點一點酒，很難拉高業績。」這不是很奇怪嗎？價格明明沒變，只有標價的方式改變了。

菜單上的金額的確是變貴了，例如原本標價十萬日圓的香檳，變成十三萬五千日圓（含稅），而且這個金額會讓人覺得「很貴」，所以客人與牛郎都討厭這種標價方式。

會去牛郎店的客人通常會去其他集團的牛郎店，所以在看了本店的菜單之後，會覺得費用比其他的店來得貴，縱使這時候可為客人說明原委，但聊天的氣氛已經被打壞，很難讓客人願意點酒來喝。於是，有不少第一線的牛郎都反映了這個情況。

雖然常客慢慢地習慣了這種標價方式，但習慣去其他店的顧客卻很難看懂這種標價，而且牛郎也覺得這種標價方式很多此一舉。

最後逼不得已，集團底下的兩間新店又走回頭路，採用過去不怎麼透明的計價方式。明明習慣之後，我這種計價方式絕對比較好，但為了與其他公司競爭，為了爭取其他店家的客人，我還是向那種不透明的計價方式屈服了。

某個大集團的會長曾說：「廢除服務費這件事絕對流行不起來，我們必須讓客人看到夢想。」讓客人誤以為便宜是讓客人看到夢想？我真的不懂那位會長在說什麼。

不過，若從正面的角度看待這句話，那麼所謂的夢想就是讓客人看到比較便宜的價錢，客人才不會覺得是因為花了大錢，才有機會與牛郎親近吧！

若從做生意的角度來看，在最初看到的金額加上額外費用，算是很常見的情況。

讓我有這種想法的是父親的葬禮。當時的我們不懂得分辨棺木與骨灰罈的好壞，所以聽到葬儀社的人說：「大家都選這款喲……」就照單全收，這也是因為父親剛去世，沒辦法冷靜判斷情況的緣故，當時的我打從心底覺得「啊！原來在別人判斷能力不足之際，硬逼別人做決定這點，跟我們勸喝醉的客人開整瓶酒的精神狀態很像啊……」

我被稍微敲了竹槓的體驗

當時我跟兩個後輩在酒吧喝到早上四點多，三個人都喝醉茫茫，在走到招得到計程車的大馬路之前，拉客的人一直纏著我們，希望我們光顧早上營業的酒店。這是常有的事，所以我也隨便回了他幾句。

當時拉客的人死纏爛打地說「只要五千日圓，而且內含消費稅與服務費，拜託來我們店裡坐坐！」我也被他纏得越來越煩。明明大家都想回家，沒有人想繼續喝下去，沒想到這時候突然有種自虐的想法，我們三個人便為了一小時只要五千日圓（含消費稅、服務費）的優惠，去了早上營業的酒店。

我們三個在那裡大聊特聊剛剛在講的話題，坐在身邊的小姐也一個換過一個，而且還問我們「我可以點飲料喝嗎？」我們也是同行，所以不會說「喝水就好了啦！」這種無情的話。

我們平常聽到「喝水就好了啦！」也會覺得很難過，而且聊天的時候也不想一直被打斷，所以都只回了句「好啊！」就繼續聊天。每位換過來的小姐都會重點一杯酒，而且都是喝那種酒精濃度很低，看起來粉粉可愛的雞尾酒。

過了一小時之後，我們說要結帳。雖然我們已經醉到不行，但還是知道超過一分鐘就要加算延長費這回事，所以很小心這點。

咦？一個人五千日圓的話，三個人應該是一萬五千日圓，陪酒的小姐應該也沒喝幾杯才對……這是怎麼一回事？當下我真的無法冷靜地判斷。若是這時候跟店員吵架，實在不是同一條街的同業者該有的風度，所以我把帳單拍成照片後，就走到店外面。

額外收費的部分只有小姐的酒水錢。三千日圓的飲料三杯、二千五百日圓的飲料四杯、二千日圓的飲料一杯，加總起來是二萬一千日圓。

接著還要乘上服務費。這間店的服務費是20％。

二萬一千日圓×1.2×消費稅1.08×信用卡手續費1.1＝二萬九千九百三十七日圓（消費稅還是8％的時候）。

原來是這麼一回事，還真是完全沒算錯。那麼我為什麼會覺得被敲竹槓呢？

若是照這種方式計算，最後的總計金額應該是（一萬五千日圓＋信用卡手續費一千五百日圓）＋二萬九千九百三十七日圓＝四萬六千四百三十七日圓才對，但實際支付的金額卻是五萬一千四百日圓。換言之，我們多付了四千九百六十三日圓（51400-46437＝4963）。

一開始我們聽到的是每個人五千日圓（含消費稅／服務費），但結帳時，消費稅與服務費卻被算了兩次，所以才會多了不該付的五千日圓。

這到底是故意算錯，還是店員的疏忽已無從得知。

走出店門口之後，我跟兩位後輩說：「居然要五萬日圓，很貴吧！」沒想到他們居然說：「真輝哥，一個人不到二萬對吧？早上營業的酒店就是這麼一回事啦！想也知道怎麼可能一個人五千日圓就全身而退。」

就是這麼一回事。

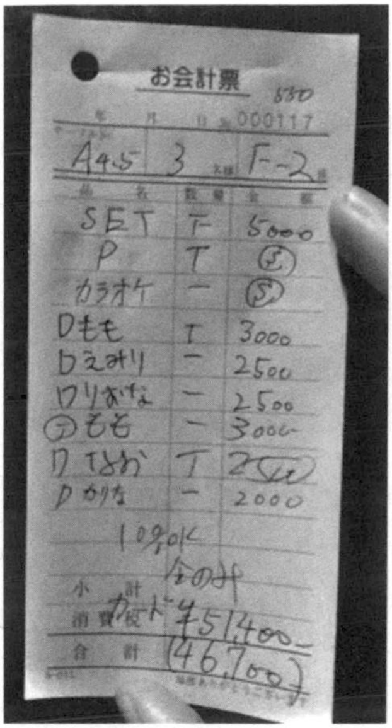

這兩個後輩比我更了解第一線，所以就他們來看，這是很正常的金額，他們應該是覺得縱使金額沒有很透明，但行情差不多就是這樣。

我當下覺得他們還真是成熟啊！

特種行業的策略該被糾正，還是該貫徹到底？

我之前覺得，透明的結帳方式絕對是正確的，我也無法了解那位大集團的會長為什麼會那麼說，但在遇到前面這件事之後，我重新思考「不透明肯定是錯的嗎？」這個問題。

從以前到現在都有揮金如土這句話。直到現在，我偶爾還是會去那種「依照客人決定收費高低」充滿古早味的小酒館。我的話，大概都會被收五千日圓左右。

現在某位當紅的演員，曾在回憶過去的時候提到「有間店在我還沒紅的時候，常請我喝酒」，但其實那間店，在該賺的時候，還是會狠狠賺一筆。

錙銖計較很沒水準？這種八大行業特有的價值觀很糟嗎？即使是現在，我還沒在新宿的俱樂部，或是京都的御座敷（有藝妓陪侍的酒宴）看過菜單。

我只會知道月底寄來的請款單上面的金額，至於每個細項的價格則是全然不知。御座敷的老闆娘會幫忙很多事情，例如預約旅館，或是介紹吃飯喝酒的地方。在祇園喝酒的時候，所有費用都掛在身為大宅主人的茶屋的帳上，意思是會先幫忙代墊。即使是沒去喝酒的時候，只要是京都的事情，什麼都會介紹得一清二楚，發生了什麼事也都會出手幫忙。

新宿俱樂部的媽媽桑則很疼我們公司的員工，除了幫忙介紹客人，還會讓這些員工變得更懂事。這是當天的酒錢難以衡量的價值。

我覺得酒錢就是這麼一回事，是與那間店以及那間店的人建立關係的方法，我也覺得有這些價值。之所以會有人覺得「被敲竹槓」，或許是因為沒感受到這部分的價值吧！

在討論不透明、不易理解的收費方式之前，或許八大行業更重視與客人之間的關係，也認為這樣的關係更有價值，並希望成為與客人建立如此關係的人吧。

我的店廢除服務費到底是好還是不好，到現在我還沒得出結論，但有收服務費的店家必須像前面提到的俱樂部或是御座敷那樣，提供一些有形無形的服務，讓客人覺得「這服務費付得很有價值」才行。

希望某一天，我的工作也可以讓我正大光明地說：「我們可是很貴的喲！」

歌舞伎町真的很多黑店？

歌舞伎町的白天

歌舞伎町被譽為「二十四小時不眠的街道」，但卻不是二十四小時都是相同的模樣。歌舞伎町很難界定是從幾點開始營業，不過就讓我們把中午十二點當成起點吧！

在新冠疫情爆發之前，白天的歌舞伎町有很多外國觀光客，所以這幾年來出現了很多像 APA Hotel 這類的飯店；一手拿著相機的外國觀光客一邊觀賞歌舞伎町雜亂不堪的街景，一邊在這裡吃飯或是喝下午茶。這段時間的歌舞伎町以 TOHO

Cinemas座落的中央路為中心，沿路有很多平價的連鎖店，隨時準備接待來看電影的人或觀光客。

在JR新宿車站、西武新宿車站、地鐵東新宿車站之間移動時，也會穿過歌舞伎町，所以只是路過歌舞伎町的人其實很多。雖然我的公司是位於歌舞伎町，但有點令人意外的是，歌舞伎町周邊也有很多公司，在這些公司上班的人會在歌舞伎町吃中餐或開會。歌舞伎町的中午時段也與其他地方一樣，人潮洶湧。牛郎店與酒店也是一般企業，有許多業務也是在白天進行，因為這些公司也是在白天辦公。以我的公司為例，財務、人事、公關、製作、衛生管理都與一般的企業相同，這些部門也負責與其他公司來往。對這些部門的員工而言，歌舞伎町不過就是上班的地點而已。

只不過，到了中午十二點左右，偶爾還是會看到從昨天醉到現在的醉漢倒在路邊，也會看到從白天就上班的酒店小姐或特種行業的人在拉客。什麼時候都可以看到拉客的人，只要你想找樂子，歌舞伎町永遠都是「晚上」。

歌舞伎町變得迷人的時段

從下午三點開始，那些屬於夜晚的居民漸漸來到歌舞伎町。新進的牛郎會在這時候化妝打扮，再去店裡做一些清潔打掃的工作。當紅的牛郎或酒店小姐也會為了所謂的「同伴」工作（上班前陪客人吃飯、逛街）而早點來到歌舞伎町整妝打扮。到了下午五點左右，歌舞伎町就因為這些準備開店的人們、前來上班的牛郎與酒店小姐變得迷人。

我尤其喜歡歌舞伎町的這個時段。著裝完畢，準備展開戰鬥的牛郎與酒店小姐頂著完美妝容，昂首闊步走在街上，每位的臉上都寫著「我最美」的自信。這就是所謂的「專業」意識。

在這時段，歌舞伎町最熱鬧的地方應該非美髮沙龍莫屬，那裡簡直就是戰場，擠滿了一堆急著武裝自己，直到最後一分一秒也不放過的牛郎與酒店小姐；設計師也忙得分身乏術，所以牛郎與酒店小姐通常會在輪到自己之前先補補妝，或滑手機與客人聯絡感情。將這段時間形容成是一整天「最重要的前置作業」也不為過。將頭髮弄好後，對著鏡子凝視自己，自行調整一些小細節，再將心情切換成上班模式。此時，牛郎或酒店小姐的雙眼會變得炯炯有神，抬頭挺胸地走出美髮沙龍之際，隨著一句「慢走」，他們紛紛幻化為在夜晚飛舞的蝴蝶。

負責公司營運事務的員工通常是在下午開會，不過在店裡開會不太適合，所以通常會轉移陣地，改在咖啡廳開會。歌舞伎町最有名的咖啡廳是「巴黎人」（パリジェンヌ），這裡在下午時段總是會有各式各樣的人在面試或洽談事情，來到這裡可徹底感受歌舞伎町的後台氣氛。而咖啡廳「雷諾瓦」（ルノアール）雖然在歌舞伎町也有很多間，但是跟「巴黎人」的氣氛完全不同，它比較沒有特種營業的色彩，來這裡的也以一個人的客人居多，甚至也很常看到傳直銷的人在這裡拉下線。

歌舞伎町從凌晨一點開始變得有趣

在下午七點到凌晨一點這段時間，歌舞伎町變得人聲鼎沸，與其他的鬧區一樣熱鬧。大家不妨想像一下人山人海的畫面，就能體會那是什麼樣的氣氛，一旦到週末更是像辦祭典般萬頭鑽動。歌舞伎町變得特別有趣的時間點就是凌晨一點，大部分的牛郎店與酒店都會遵守營業至凌晨一點的法規，所以每間店都是在凌晨零點左右最為熱鬧。凌晨一點一到，那些被迫中止狂歡的客人也一口氣被放出店外。

還在回味前一刻歡樂的顧客，通常會在街上遊蕩。而剛剛在牛郎店或酒店約好要帶人出場的人，則準備敲定接下來的去處。不過，此時大部分的牛郎或酒店小姐都會語帶保留地先回答：「待會再聯絡囉！」因為大家都想在送走客人之後，在店裡稍微休息一下再思考「那麼要陪哪位客人出場呢？」如果出場的時候要去好幾間店喝酒，也會趁這個時候擬定作戰計畫，決定從哪間店開始喝。客人則是會邊想「去哪邊比較好？」邊在街上徘徊。這時候，等待聯絡的客人渾身充滿了想延續狂歡氣氛的慾望，這股既期待又怕失望的心情，也是種莫名的愉悅。

這段時間屬於「陽」，是內心的期待正蠢蠢欲動的時段。是的，特種行業是令人有所期待的職業，卻不是滿足期待的職業。就如同遠足前一晚的準備工作一樣。

期待總是會落空，無論好壞。世事也往往不如人意，而且慾望總是會催生出下一個慾望，永遠沒有被滿足的一天。假設牛郎或酒店小姐真的每次都陪客人出場，客人就會忍不住要求更多。牛郎或酒店小姐能在一個小時左右結束出場與回家，算是玩得很瀟灑，很有手段的。但歌舞伎町很少有人這麼高明，當夜越來越深，時間開始變成漫無目的地流逝，他們與客人也一同陷入深淵。

此時屬於「陰」，是意識漸漸陷入朦朧的時候。沒能成功打包酒店小姐回家的大叔只好回到街上繼續遊蕩，雖然心有不甘，卻又不自覺地走進開到早上的酒店。牛郎與客人也會在路上聊天，精疲力竭的菜鳥，則會成群結黨地回到附近的宿舍。會鬧出糾紛，也通常是在這個時候。

醉漢準備結束比賽的時候

到了凌晨四點之後，街上簡直就是醉漢的大遊行，紅男綠女都醉得失去防心，盡情狂歡，讓人不禁懷疑，這些人應該早已醉得不省人事了吧！要是喝到這個時候，這些醉鬼大概已經覺得什麼都無所謂了。此時，到處都看得到這些醉鬼對著彼此叫囂「誰先回家，就是沒種」，比賽誰最晚回家。

八卦雜誌那些酒池肉林的景象，就是這類大遊行落幕，意識陷入朦朧的醉鬼結束比賽的模樣。這些人之中，一定有人連續喝了十二小時。在酒精催化之下，這些人完全墜入自我陶醉的境地，眼裡沒有任何人，也不在意身邊有什麼人，只是讓自己成為慾望的殘骸，繼續在街上漂流。

從這時候，俗稱夜間部的牛郎店與酒店準備開始營業，也準備迎接日出。不過對這些牛郎與酒店小姐來說，他們的「夜晚」才正要開始。

即時是在這疫情時代，「新宿11ＣＨ」這種老牌半套店，還是一早就有人排隊。

慾望是不分時段的，而歌舞伎町隨時敞開大門，等待渴望夜生活的人們到來。

原本是森林與沼澤，歌舞伎町的歷史

歌舞伎町最古老的觀光勝地

歌舞伎町有些一成不變的部分，也有一些不得不改變的部分。雖然這都是咎由自取的結果，但每次都能捲土重來，正是歌舞伎町的強悍之處。

每當我帶人遊覽歌舞伎町的時候，我一定會帶他們去某個地方。那就是歌舞伎町弁財天，而且還會介紹那裡的某根石柱。這根石柱上面寫著「尾張屋寄贈大正十二年」，這裡應該是歌舞伎町最古老的遺跡。

歌舞伎町原本是森林與沼澤之地，後來尾張屋銀行的峰島喜代在一八九三年

（明治二十六年）買下這裡之後，便以填海造陸的方式，將這裡填為平地。據說在填平沼澤的時候，竄出了大量的蛇，為了供養這些蛇，便在這裡蓋了神社，再從上野寬永寺請來弁財天。

如今神社已不復見，只剩下歌舞伎町公園，不過每年都會有打開弁財天神社大門的活動，歌舞伎町商店街振興公會的成員也會來此聚會。此外，舉辦新宿十二社熊野神社的例行大祭祀的時候，這裡也是民間信仰團體「歌舞伎町睦」的駐紮之地。地位之重要，就像是歌舞伎町的守護神一樣。

這裡原本是振興公會的土地，後來振興公會將土地的一半讓渡給新宿區，作為歌舞伎町公園之用。直到現在，公園旁邊的大樓仍是振興公會的資產，從公園望過去，這棟大樓的二樓就是神社，弁財天就坐鎮其中。我們這群人會在公園集合，一齊朝向旁邊的大樓遙拜，而這棟大樓的一樓與地下室則是「新宿11 CH」這間老牌的半套店。

請來宮司（神社的神職人員）揮舞大幣（祭祀道具）之後，我們這群人便朝著「新宿11ＣＨ」的方向敬禮祈福。

向來重視「興奮感」的歌舞伎町

在二次大戰結束之後，從第七代峰島茂兵衛手中，接下歌舞伎町町內會長一職的鈴木喜兵衛，率領復興協力會，將歌舞伎町大部分的土地重新分配給在地居民，復興協力會後續又與行政機關攜手訂立都市計畫，以民間企業主導的方式，讓歌舞伎町得以重生。

不過眾所周知的是，歌舞伎町的歷史不只有光鮮亮麗的一面。第二次大戰結束之後，日本陷入一片混沌與無政府的狀態。當時，為這片焦土注入活力的是黑道。戰爭一結束，尾津喜之助的關東尾津組旋即在新宿站東口高掛「希望之光來自新宿」的布條，由他們一手促成的黑市也成為每個人的生活支柱。在萬物皆缺的時候，最重要的就是速度。尾津喜之助雖不是官方代表，但的確為民眾建造了市場。當時每個人都嗷嗷待哺，無暇等待行政機關的救援。根據尾津豐子的著作《希望之光來自新宿》（光は新宿より）所述，關東尾津組在戰時建造了免費醫療診所，也提供免費食物賑濟災民，每位組員都沒有前往鄉下避難，一直留在新宿幫忙，所以才能在戰後立刻打造市場。此外，這本書也提到他們與當時的都知事、轄區的警察署長、警視廳面談之後，得到許可才設立了黑市。

從尾津被自由黨選為眾議院候選人這件事來看，當時行政機關的確將維持治安、管理攤商的任務交給了尾津。戰後黑市不只是在新宿出現，也於各處撐起民眾的生活。以新宿為例，關東尾津組以及其他黑道都在新宿站周邊設立了市場，民眾也紛紛湧入這些黑市。

不過，黑市並未存在許久。當社會局勢慢慢穩定下來之後，車站周邊黃金地段的地主開始紛紛重申自己的土地所有權，黑市的相關人員也被迫退場。一手創立黑市的黑幫分子，為了幫助原本在黑市做生意的人，便在歌舞伎町安排了棲身之地，而且民眾也紛紛湧向歌舞伎町。這時候，歌舞伎町仍是未開發之地。

一旦人潮形成，就會吸引更多的人。鈴木喜兵衛為了讓歌舞伎町充滿興奮感，刻意增加了T字路口。他的用意是營造「不走到盡頭，就不知道前面還有什麼」的期待感。綿密的區域劃分與T字路口很容易讓人不知身在何處，也引來想隱姓埋名的人。最終，吸引了更多來自四面八方的人聚集於此。從各個角度來看，歌舞伎町的確成為充滿興奮感的地方。

長年擔任振興公會事務局長，我認識的城克哥曾說：「希望歌舞伎町讓人感到安全，但不要讓人覺得安心。」

戰後數年，這裡既不安全，也讓人無法安心。不過，興奮感肯定是有的。這裡聚集了外國人、黑道和很多人，以非法或合法的手段引人注目。我無意美化歌舞伎町，但看似猥瑣的歌舞伎町的確是因為許多人流血流汗，才得以擁有如今的寬容與基礎。

或許就是這份寬容，六〇～七〇年代的新宿才得以蘊育出大島渚導演的電影《新宿小偷日記》（新宿泥棒日記）的世界觀與風土民情。本間健彥所撰寫的《六〇年代的新宿 Another Story》（60年代新宿アナザー・ストーリー），也有詳盡的描述。當時的新宿似乎是反文化的據點，不難想像當時渾身是勁的年輕人紛紛來到歌舞伎町的模樣，我也很嚮往那樣的年代。

除了文化之外，女服務生沒穿內褲的咖啡廳或偷窺小屋，這類性產業也是在那時候興起。這樣的風土民情與所謂的安全沾不上半點關係；帶著無止盡的慾望與淘金夢的人們紛紛來到歌舞伎町，才讓歌舞伎町成為誰都能生存的無主之地。

接著為大家分享九〇年代之後，我在歌舞伎町的所見所得。

歌舞伎町從什麼時候開始有牛郎店林立？

九〇年代的牛郎店是從凌晨一點開店

我是一九九七年來到歌舞伎町，進入牛郎店成為菜鳥牛郎。最先了解的是歌舞伎町的地理環境，例如每條馬路、十字路口與大樓的名字，或是營業到深夜的店家。比起店裡的規矩，我先了解的是店外的情況。

當時的牛郎店是從凌晨一點開始營業至早上七點關門，所以新人都是在晚上十一點上班，然後出門採買，當時都是去半夜還在營業的「Any超市」或鹽田屋（唐吉訶德出現後，Any超市就倒閉了）。去採買的途中，前輩會教一些在地的大小事，例如：不能在這條路拉客，或是這條路很危險要避開，外表看起來像〇〇大哥的要避免跟他們眼神交會。我記得當時的自己，覺得這很像是在玩「勇者鬥惡龍」遊戲。說是前輩，其實他也只比我早兩個月上班，還是二十歲的菜鳥牛郎，但對當時才十九歲的我來說，真的覺得這位前輩很酷。

當時，拉客當然是工作的一部分。晚上十一點上班，打掃店內環境和外出採買之後，就要出門拉客，直到店裡變得熱鬧的凌晨三點為止。從凌晨一點開始，會像是找釣點的人一樣，巡迴歌舞伎町每個容易拉到客人的地點，然後絕不能在酒店或特種營業的門前拉客。照理說，從店裡到容易招計程車的大馬路的這段距離，是絕佳的拉客地點，但我們都知道要避開這種其實根本不需要拉客的地點，只有連路人都有心理準備會被拉客的地方，才是絕佳的拉客場所。

才剛入行的我，利用在搬家公司打工賺到的錢，買了件很陽春的 Fendi 西裝，那也是我全身上下唯一值錢的家當。揶揄我像個上班族的前輩們，還送了我掛滿叮叮噹噹飾品的黃藍色相間舊西裝。

拉客地點有很多跟我一樣菜的牛郎，他們身上的行頭也都是前輩送的西裝。我們雖然知道彼此，卻不會成為朋友，因為在這裡的每個人都要搶著拉客，但有趣的是，卻不曾因此起任何口角。我會趁著空檔去便宜的餐廳吃飯，我們常去的是連鎖店的福SHIN（福しん），或是至今仍在營業的鶴龜屋食堂。一直拉客很累，所以偶爾也會偷懶跑去打電動。然後，每三十分鐘要打電話向店裡回報一次。在二〇〇〇年代「迷惑防止條例」禁止拉客之前，沒客人的牛郎都是在店外工作。街上有各種拉客的人，例如居酒屋派出來的員工，或是其他店的牛郎。如果是有客人的牛郎，就不用出門拉客。也就是說，不用拉客代表身為牛郎的等級變高了，每位牛郎的第一個目標都是這項。就當時的歌舞伎町而言，大大小小約有三十間牛郎店。

據說牛郎店源自一九六五年在東京站八重洲口創立的「Night東京」，牛郎最初是陪女客人跳社交舞的舞伴。至於是哪間店保留了社交舞氣氛，以及奠定了現代牛郎店基礎的呢？那肯定是一九七一年，由愛田武在歌舞伎町設立的「Club愛」，也就是從這時候開始，歌舞伎町開始成為牛郎店林立之地。八〇年代是愛田武經營的愛田觀光的天下，同樣可以跳社交舞的大型店約有七間，當時簡直就是漫畫《次五郎》的世界。

進入八〇年代之後，年輕的客人越來越多，而在我入行當牛郎的九〇年代，許多原本以男性為客群的俱樂部都因為泡沫經濟瓦解而遭受打擊。這些俱樂部為了減輕房租的壓力，選擇在營業結束後的深夜，將場地轉租給以女性客人為主的俱樂部，這就是沒有舞廳的牛郎店越來越多的原因。

進入九〇年之後，除了愛田觀光之外，還保有舞廳的牛郎店只剩二、三間。就我入行當牛郎的九十七年而言，當時的牛郎店主流是只能接待二十位客人左右，營業到深夜的小店。愛田觀光都是年齡比較大的牛郎，所以算是當時的特例。愛田觀光還規定牛郎都要打領帶、穿西裝，所以年輕人都不想去那邊工作。

之後，約有二十間由年輕牛郎主導的牛郎店出現。這些營業到深夜的牛郎店成為了牛郎店的主流，客人也以從事特種行業的人為主，這類客人通常會在下班後光顧。這個時期是牛郎店大幅轉型的時候。假設在這種深夜轉租的風氣盛行之下，放任牛郎店如雜草般叢生，當然會秩序大亂。

這個時期的歌舞伎町，詳細部分可參考石井光太所著的《夢幻之街》。

早期的牛郎越接近「男子漢」就越帥

當時的牛郎都是「男子漢」，能讓女人跟在身後三步的男人才酷！當時就是那樣的文化。比起取悅客人，成為受歡迎的牛郎才更有價值。我的前輩也都是所謂的「男子漢」！

曾有位前輩讓三位散客坐在一起，要我試著接待她們。這三位客人彼此認識，卻都覺得自己才是這位前輩最愛的女人。就算這三位客人被安排坐在一起，也沒有半句抱怨，整場只有我一個人話說個不停。

店裡只是做業績的地方。表面上禁止牛郎直接拿客人的錢，但大部分的牛郎都會收。換言之，就是在店外直接跟客人見面與收紅包，也有許多人因此辭掉工作，選擇吃軟飯與當小白臉。新客人分成兩種，一種是老客人介紹的客人，這類客人通常稱為「枝」，另一種則是在拉客時找到了新客人。過去《MANZOKU》（マンゾク）與《Naitai Magazine》這類特種行業雜誌曾有一小段時間有牛郎專欄，但很少人會在看了這個專欄之後來店裡玩。

所以真正重要的是，掌握會帶客人來的客人，請他們介紹客人給自己，這也意味著要討前輩歡心，前輩才會請這類客人幫忙介紹新客人給你。話說回來，這類老客人通常很聽牛郎的話，所以討前輩歡心真的很重要，只有被前輩認同，才能得到客人的認同。

聽起來，那些對牛郎言聽計從的女性好像很可憐，但其實恰恰相反。表面上，牛郎好像把女性玩弄於股掌之中，但其實根本逃不出客人的五指山，在店裡的一切只是客人替牛郎做做面子而已。

現在回想起來，所謂的男子漢都是小孩子，會來光顧的女性客人都是又會玩，又很酷的女性。老實說，我也是靠著前輩的客人才撐過菜鳥時代。第一次坐檯的時候，我緊張得半句話都說不出來。客人打量了我一番後，便轉頭跟其他牛郎聊天。我還記得那位女客人留著一頭烏黑秀麗的長髮，有一對細長的鳳眼，長得很像是八〇年代的某位偶像，全身上下散發著成熟的氣質。乍看之下，她是位皮膚白皙的弱女子，但她的一言一行卻在在說明，她是個豪爽的女中豪傑，習慣大口吞雲吐霧。她在準備離開店裡的時候，對我說了句「恭喜入行」，還抽了張一萬日圓鈔票給我當紅包，這讓我嚇了一跳，我本以為她根本沒把我看在眼裡。

會光顧牛郎店的顧客是……

剛入行時，我最先學到的規矩就是「不可以問客人的職業」。很多客人都是特種行業的人，所以基本上不能聊有關泡泡浴的事，也不能聊在晚上播放的電視節目（那時是她們的上班時間看不了），當然也不能聊私人的事情。那麼該聊什麼呢？前輩告訴我，不妨從眼前的打火機開始聊起。

在當時，有些在半套店上班的美女會因為長得很像偶像，而被稱為「特種行業的偶像」，這些美女常常會登上特種行業雜誌的封面。我曾聽過某位特種行業的美女非常搶手，一到可以預約的時段，電話就會被打爆的故事。由於前輩告誡我不能問職業，所以剛入行的時候，我完全無法想像眼前的客人是在做什麼工作的，也沒特別問過前輩，只是每天享受跟美麗的姐姐聊天這件事，但是當我慢慢熟悉這份工作，也漸漸猜得出客人的職業之後，才驚覺原來有很多客人是在特種行業工作。

在花街柳巷工作的人總是美得出眾，這或許是遊廓（日本古代的紅燈區）的昔日風華所致，而且她們都很有氣質。這也讓我覺得，沒有氣質，是無法從事這行的。

許多客人都是個性鮮明，又風情萬種的人，根本不是會被牛郎騙得團團轉的可憐女性。俱樂部的媽媽桑幾乎是每天在下班後，一臉醉醺醺地來到店裡，每次都會被年輕的牛郎唸個不停。這種戲碼幾乎天天都會上演，其中也有鼓著腮幫子說「這又沒什麼」，然後面無其事繼續喝酒的大姐。

脫衣舞孃是九〇年代歌舞伎町的紅牌

脫衣舞孃則通常以團體的方式出現居多，而且前後輩的階級非常嚴格，大姐頭通常會帶著後輩去喝酒。在其他縣市的公演結束，回到東京之後，會像是舉辦慶功宴一般，一大群人來店裡痛快地大喝一場。不過她們喝得實在太猛，我不太敢靠過去。

被知名的脫衣舞孃指名的牛郎等於鍍上了一層金，被ＡＶ女優指名也有擦亮招牌的效果。脫衣舞孃這個職業在歌舞伎町可是炙手可熱的工作，這些脫衣舞孃連在喝酒的時候，都散發著滿滿的自信；當時有不少深夜節目都會介紹她們。

到了現在，歌舞伎町只剩下兩間脫衣舞劇場。脫衣舞劇場會逐漸勢微，原因之一在於「圖書館」。新宿區公所的一樓雖然設有書櫃，但那只是打著圖書館名號的地方。政府規定，圖書館半徑兩百公尺以內，不能有新的特種行業進駐。二〇一七年，位於區公所後門的老牌脫衣舞劇場歷經數次禁止營業的打擊之後，被迫停牌，只要沒取得新的營業許可就無法繼續營業，迫不得已，營業四十年的歷史只好就地落幕。

拜通曉俗世風情的顧客所賜，牛郎才能每天遊戲人間。我的前輩就像是把玩樂當工作般，每天盡情地玩樂。啊！不對，前輩沒有每天玩樂，我們這些菜鳥牛郎常代替前輩出場，所以每天玩樂的是我們這些菜鳥。說是玩樂，還真的是什麼都玩，不過前輩也告訴我們，菜鳥就是要一邊跟著前輩玩樂，一邊學習當一個男子漢。幫前輩拿行李，幫前輩開門，幫前輩撕開衛生筷的紙袋，幫前輩點菸……在做這些事情的過程中，我學會隨時觀察前輩的需求，早一步服務前輩。

吵架、打架、暴力是家常便飯

九〇年代的牛郎界簡直就是地下世界，恐怖的程度跟早期一般人想像得沒兩樣，到處充斥著暴力。但是身處其中的我只能說，大家都在底層掙扎，每個人都曾想過離開這個世界，卻也有著無處渲洩的怒氣。

牛郎店的牛郎打架是稀鬆平常的事，而且很常在店裡打架。很會打架也是男子漢的魅力之一。若是在歌舞伎町，過往的戰績越是輝煌，越是會被視為菁英。不過，有上大學的牛郎卻一個也沒有。

某天，前輩穿著破破爛爛的西裝來上班。我笑著說：「不會是遇到專門針對牛郎的人襲擊了吧？」後來前輩才告訴我，他被幾個反社會分子纏上，硬是被拖到公園洗劫一空，過沒多久，走掉的這些反社會分子又全部跑回來，從背後偷襲他。這類糾紛算是家常便飯，但很少人因此受重傷。

我覺得這種糾紛也是某種玩心，是為了打發時間才打架，那種生活跟漫畫《CROWS》所描繪的世界沒兩樣。對於沒混過不良少年的我，這些事情都很新鮮有趣，但為了不讓別人發現我很嫩，所以我拚了命武裝自己。

現在回想起來，那時的每一天都很荒誕，也充滿了暴力，我依稀記得有人每天都受傷。記得第一天上班的時候，店裡還有另一位菜鳥牛郎，他的年紀應該比我大很多。在我準備出門拉客的時候，他跟我說：「我們是同梯的，而且我也只認同你，我們一起加油吧！」沒想到營業結束後，他被命令正坐，還被打了一頓。我在第一天上班的時候就見過這種情況，也覺得隔天他居然還能上班是件很神奇的事。但我還記得，當時的我雖然是第一天上班，卻覺得他會被打也是無可奈何。當時的情況，或許就是這麼緊繃吧！

話說回來，進入這行之後，我遇到的第一個活動就是慶祝前輩出獄。我記得他是因為吸毒被逮捕，那時大家說了句「恭喜出獄」後，就開了瓶香檳大肆慶祝。

牛郎店文化在「就業冰河時期」興盛與普及

促使牛郎這行不斷改變的因素非常多，舉凡社會的變化、時代的演變、社群的轉變等。但如果將範圍縮小至牛郎身上的話，很大的原因是我們這個世代的牛郎開始主導風氣。我們是被稱為「就業冰河時期」的世代，所以牛郎的人數一下子增加不少，牛郎店也跟著大增。

把牛郎店當成一門生意來做的年輕經營者越來越多，也有不少牛郎店改革了薪資結構，大幅調高了牛郎的抽成，牛郎也不再需要私底下與客人交易，所以更願意替店裡爭取業績，藉此為自己加薪。我服務的店和周邊的店也都搭上這股改革的風潮。早期牛郎的重點是成為一名男子漢，但在改革之後，盡可能創造業績才是最重要的事。

我也是促成這波改革風潮的其中一人。我的後輩幾乎都比我年長，而且他們都曾是不良少年。為了不被他們看扁，我只能拿出成果讓他們閉嘴。我在成為店裡的頭牌後，就開始注意到歌舞伎町其他牛郎店的紅牌。我們這個世代就是會像這樣，利用跨店競爭比較業績、比拚知名度。

當時有個電視節目叫做《男女糾察隊》（稲妻！ロンドンハーツ），裡面有個超受歡迎的單元叫做「The Stinger 快來搭訕我的女友」（ザ・スティンガー俺の彼女をナンパしてくれ!!），它會邀請牛郎擔任搭訕達人，我也是最常被邀請上這個單元的牛郎。過去從來沒有牛郎能在黃金時段的電視節目中亮相，所以牛郎的世界也因為這個節目而被日本大眾注意到。

繼《男女糾察隊》這個節目之後，牛郎越來越有機會上《中居大師說》（中居正広の金曜日のスマイルたちへ）這類電視節目。我覺得，是這些節目讓牛郎擺脫了地下文化的形象。

此外，也有越來越多雜誌開始介紹牛郎，雖然這些雜誌都是特種行業徵人的雜誌，但裡面有很多牛郎的寫真偶像與廣告。也有不少牛郎出了寫真集，而且這些雜誌、廣告或是寫真集都成了牛郎跨店比拚名氣的道具。刊物占的版面夠不夠大？站在團體照片的哪個位置？誰能站上牛郎界金字塔的頂端，就能創造更多業績。雖然我們現在是以社群網站的追蹤者人數來互爭高下，但比拚的本質還是沒變。不過在當時，大部分的牛郎都會願意花錢買廣告。

牛郎店增加與八大行業的飽和

在當時，高中生賣春風潮的世代已經突破十八歲，特種營業也變成買方市場。當時的特種營業非常飽和，是不是紅牌，收入非常懸殊，牛郎店的客人也成正比增加，牛郎店的數量也跟著增加。

明明牛郎長得不帥，卻還是可以上節目、出寫真集，還被捧成偶像，業績也跟著水漲船高，連我也不知不覺成為歌舞伎町的頭牌牛郎。

我雖然記得很多走紅之前的往事，卻記不住成為頭牌之後的事情，想必那是因為很拚命工作，沒什麼機會玩樂吧！不對，我還是照樣遊戲人間，也照樣打架，只是這些事情對我來說，已經不再那麼新鮮，所以也很難成為記憶。

當時的我除了上班之外，不會踏進歌舞伎町，而且為了自抬身價，甚至搬家到高級住宅區的青山。到了二〇〇〇年左右，我滿腦子都在想「差不多該辭掉牛郎這個工作了吧？」

但事與願違，我在打算辭職的那年惹出了大麻煩，牛郎這工作變得想辭也辭不掉。

牛郎的面子與夜生活的規矩

牛郎賣的是形象

在進入二十一世紀之前，我一直都是難以撼動的頭牌牛郎，放眼整個歌舞伎町，我也是數一數二的紅牌，只要是牛郎，就一定聽過我的名號。

某天營業結束後，我與後輩兩個人送客人到區役所通這條大馬路，幫客人攔了輛計程車之後，便目送客人坐著計程車離開。準備回店裡的時候，突然有人朝著我們兩個背後大罵「你們兩個開什麼玩笑，是本大爺先在這裡等計程車的！」原來是其他的牛郎正在對我們叫囂。當時我們兩個完全沒喝醉，細心的後輩客氣地說了句「真是對不起了～」便跟我說：「對方喝醉了吧！不用理那種笨蛋，我們快回店裡吧！」

牛郎賣的是形象，後輩也知道這點，也示意我在這裡頭也不回地走回店裡，不是什麼丟臉的事。不過，那個牛郎還是拚命叫囂。當時的我還很年輕，所以忍不住回頭看著對方。

對方像個流氓般，邊左右搖著肩膀，邊朝著我走過來，我則是不發一語地站著。對方在快撞上我的時候停下腳步，瞪著我問：「你這傢伙是瞧不起我嗎？」想必對方是想在客人面前耍帥吧！原來這個時代還有這種牛郎啊！當時的我相當冷靜。

我理所當然地覺得對方應該是認識我，所以跟對方說：「我就不拿店裡的招牌壓你，委屈一點跟你單挑吧！」此時對方一臉畏縮地說：「你瞧不起我嗎？你以為打得贏我嗎？」一邊打嘴砲，嘴唇還抖個不停。當時我心想，只要我退一步，事情應該就不會鬧大了。大多數的情況都是在這種互相挑釁的時候結束，不會真的打起來。因為當時我已經占了上風。

之所以會說「不拿店裡的招牌壓你」是為了避免牛郎店互找麻煩。明明店的招牌與個人的名氣都是我這邊的比較響亮，還故意說什麼不拿店裡的招牌壓人，對方一定覺得我對打架這件事很有信心吧！

其實我本來覺得對方的店一定會有人來阻止，所以根本沒有真的想跟對方單挑的意思，而且人早就累個半死，很想早點回到店裡。沒想到，對方居然說：「就跟你單挑吧！你給我過來。」當時我還是沒當一回事，一心覺得途中會有人來阻止，或是對方會突然喊停。反正我旁邊還有很會打架的後輩跟著，所以覺得再怎麼樣也不會有事。就算突然被揍，對方好像也沒有強到可以讓我受重傷，所以不管最後怎麼樣，都是對我有利。

不過，對方帶我去的是他們的店門口，那裡聚了一群喝醉的傢伙。其中一個人興沖沖地大喊「要打架了嗎?」便突然朝我撲了過來，然後大概有十個人左右跟上並圍了過來，狠狠揍了我一頓，我連反擊的機會都沒有。

我曾打過橄欖球，所以體力還算可以，對自己的臂力也有一定的自信，但防禦遠比攻擊還累。後輩與對方店裡比較清醒的人介入調停時，我已經累得氣喘吁吁。對方喧騰地回到店裡之後，後輩也把我帶回店裡。

總之，當時我是累壞了，但也冷靜下來了。店裡的人看到我這副樣子，便殺氣騰騰地大喊「開戰了啦！」作勢要衝去對方的店裡。這次的事情完全是對方的錯，這點對方的店好像也知道，所以高層立刻打電話向我這邊的店長致歉，店長也要大家先冷靜下來。

意思是，雙方的高層要坐下來談談。店長告訴我，他一定會保住我的面子。我因為打過橄欖球，所以比較不怕痛，但還是去了醫院一趟。而且當時我沒有特別生氣，只是覺得很累，很想好好睡一覺。

起床之後，我立刻接到店長的聯絡，說是替對方圍事的黑道準備了一大筆錢賠罪，這在黑道的世界裡，算是停戰的擂台鐘聲。店長也跟我說：「抱歉，就只能做到這樣了。」

當時我心情還沒有平復、氣憤難消，而且昨天我的態度沒有什麼特別不妥的地方，也沒什麼值得後悔的部分，只是吞不下這口氣而已。

晚上到了店裡之後，我坐在後面的員工休息室想了很久。雖然一想到找碴的那個傢伙就氣到不行，但更記得他那怕得抖到不行的嘴唇，所以也就沒什麼好後悔的。

不過，「收錢了事就算了嗎？」

那時的我很驕傲，以為整個歌舞伎町的牛郎都認識我，而且一直以來氣焰都很囂張，動不動就為了保住面子跟其他店吵架。

但說到底，我只是個誰都不認識的牛郎，不僅會被不長眼的小混混纏上，甚至落得被圍毆的下場。

我心想，怎麼可以這樣就算了，一直以來，我可是拚死拼活地保住了自己的面子。那些傢伙一定會炫耀自己「把手塚揍了一頓！」

我可不是為了被這種人看不起來，才一直待在這行的。我的心情雖然很激動，但頭腦卻很冷靜。「原來我不過是這種程度的牛郎啊？想成為歌舞伎町頭牌牛郎的我，難道收個幾百萬就算了嗎？那種傢伙能成為頭牌嗎？我變得更有面子了嗎？才怪，我絕對丟了面子。」

喝醉的後輩走進員工休息室之後，就躺下來休息。

「我想現在衝去對方的店報仇，你覺得怎麼樣？」我問。

「要衝就一起衝啊！」後輩不假思索地回答。

我把員工休息室用過的擦手巾纏在兩手上面之後，就衝出店外。

我朝那些傢伙正在營業的店走去，心中沒有半點計畫。

推開店門後，我看到站在入口櫃台的人嚇得眼睛瞪得大大的，但我沒多理會他，就這樣逕自走進店裡。我第一次走進這家店，發現這間店又老舊、又昏暗。我在營業中的店裡繞了一下，立刻找到昨天的那個傢伙。那傢伙一看到，嚇得連退好幾步，我便衝了上去揍了對方，還狠狠地抓著對方的頭髮。就在那一瞬間，周圍的牛郎全衝了過來，後輩雖然死命抵擋，卻寡不敵眾，我則是被壓在地板上，全身被踹了好幾腳，但我就死死地抓著對方的頭髮，對方則是不斷地想要擺脫。我沒空用雙手保護自己的身體，所以一直承受著比昨天更痛的攻擊。當時真的是亂成一團，我也聽到客人大叫「呀～」跑走。

過了一會兒，看起來像是店長的人把那些牛郎們拉開。

我跟後輩則是累得坐在地上，我手上還黏著大量的頭髮，全身上下則是痛到不行。那位店長叫我們兩個去角落的沙發坐著，我雖然很累，卻穿著鞋子站上沙發，接著像是盯著整間店一樣的樣子，坐在沙發的椅背上。後輩往我旁邊的沙發坐了下來之後，抬頭遞了根菸問我「要不要抽菸」，我接了過來，便開始抽菸。

現場有些客人邊哭邊大喊「要是對我的〇〇〇出手的話，我一定不會饒了你！」不知道那些牛郎們是不是接到了命令，把我晾在旁邊，同時陸續地送走客人。我則是坐在較高的位置一邊從乾癟的嘴裡吐菸，一邊俯瞰著這些人。沒多久，我的店長也趕到了。他罵了我一句混蛋，又敲了我的頭之後，就叫我坐好。店長的脾氣雖然很好，但這時候也難免氣到快爆炸。

好幾個一臉橫肉的人走進店裡，把鐵門拉了下來之後，突然揍了我家店長一拳，店長也立刻道歉，還用手指了指地板，示意我跟後輩坐在那裡，我跟後輩便乖乖地坐了過去。

收保護費的人丟了面子會怎麼樣？

我的所作所為，等於在對方圍事的人臉上狠狠甩了一巴掌，明明我的店已經答應和解，這下子全都毀了。對方可是最愛面子的一群人，怎麼可能容得下我如此放肆。要在夜晚的世界生存這可是常識，而且就某種意義而言，他們就像是避免各方勢力起衝突的煞車皮，維持著這裡的和諧。我這次的確破壞了夜生活的規則，我變成只想著自己的尊嚴，不受規矩的自私傢伙。

然而那時候的我，還沒感覺到自己犯了什麼大錯，只覺得對方當然要受點教訓，雖然心裡也很冷靜，不過我的腳竟沒兩下就麻掉，只想著早點結束這件事。一下子被打個兩三拳，或是被恫嚇一下，時間很快就過去了。比起我們，店長被教訓得更慘。店長坐在旁邊不斷地謝罪、道歉；負責冷靜地威脅我們的老大哥，以及負責大聲威嚇我們的小弟，對方的分工非常清楚。

不知為何，我突然想到「給我準備水泥來」這句電影台詞，現場的一切彷彿是電影場景。即使到了這種時候，我心中還是有個客觀看待一切的自己。

負責冷冷地威脅著我們的黑道，讓他腳上的尖頭白皮鞋像鐘擺般擺動，在店長的臉前面晃來晃去，然後就突然往店長的臉上踢下去，接著我聽見「咚」的一聲，看到店長用手壓著眼睛，彷彿是要把快掉出來的眼球塞回原位一樣。一大堆血「啪嚓」地滴到地上。大量的血從店長壓著眼睛的手滲了出來，把地板染成紅色一片。當時的我彷彿有塊大石頭突然壓在胸口，如果被處理的人是我，還不會那麼難受。

接下來的一分一秒彷彿身處地獄般痛苦，我不斷地祈求事情能早點平息。就結果而言，我害自己的頂頭上司遇到大麻煩，也受了重傷。

幾個小時之後，我們幾個總算被放出店外，我也邊哭邊跟全身是血的店長道歉。我真的覺得很對不起店長，也覺得很後悔跟慚愧，雖然從店長的眼睛流出來的血，比我的眼淚還要多，但店長卻只對我笑著說：「好了啦！就說沒關係了啊！別哭了啦！你這傢伙還真傻啊……」然後摟了摟我的肩膀安慰我。

我真的覺得自己很該死。店長為了我向別人低頭道歉，還這麼包容我，之後也沒因為這件事罵我半句。

牛郎自行開業的風潮，創造了新潮流

自行開業一定會引來黑道

店長的眼睛就此歪歪的。每當我看到他這隻眼睛，就難過得快喘不過氣來，也覺得一定要做出成績，好好報答店長。

在那之後，我又做了兩年多的牛郎工作，業績與知名度也越來越高，未曾從頭牌牛郎的寶座掉下來過，牛郎這行也越做越得心應手。不過，這麼說或許有點臭屁，但是對牛郎來說，穩定的生活意味著日子枯燥乏味。其他店同年紀的紅牌也差不多踏入同樣的時期，所以我們這批同年紀的牛郎大約都是在同一年獨立創業。

獨立創業，為牛郎這一行帶來了一大轉機。在這波浪潮之前，牛郎基本上是不能自立門戶的，我也覺得要想獨立出去，非得在黑道有夠深厚的人脈才行。我從沒想過要成為黑道，也沒想過要成為牛郎店的經營者，不過沉溺在舒適圈的那兩年，的確對我的職涯造成深刻的影響，而且二十五歲這個年齡也讓我覺得很沉重，腳步也不像過往輕快。

現在回想起來，二十五歲明明是什麼事都能挑戰看看的年紀，我卻受盛名之累，不敢向新世界發出挑戰。

不過每個人都有自己的想法，同時這股自立門戶的風潮也在牛郎業界掀起一波全新的潮流。我們這個世代，因為有機會登上媒體，所以也擁有足夠的影響力。即使是黑道，也很難對擁有影響力的人出手，而且在我們自立門戶之後，牛郎店的老闆為了讓下一代的牛郎向我們看齊，也常常幫我們解決麻煩。

二〇〇三年，我開了Smappa！這家店。當時的我來到歌舞伎町六年，才剛滿二十六歲。就當時的歌舞伎町而言，二十五歲之後的牛郎已經算是資深的前輩，不像現在的牛郎業界是以三十歲前後的牛郎為主力。在當時，大部分的牛郎都會在年滿三十歲之前離開歌舞伎町，告別歌舞伎町的種種，踏上全新的人生。

地下金融盛行與治安惡化的二〇〇〇年

我很常被問：「牛郎辭職後，都做些什麼？」不過，我根本不知道我的前輩在做什麼，也不知道他們去了哪裡，大部分的牛郎都無聲無息地消失了。我會知道回到歌舞伎町的人做什麼，但我不知道那些沒回來的人去了哪裡。最近拜社群網站之賜，我偶爾會看到這些消失的人，但我真的不知道他們辭掉牛郎這個工作之後，到底從事什麼職業，也無心為自己預留退路，我只是因為沒有其他事能做，所以才開了間牛郎店。當時的我一直覺得「這裡不該是我的棲身之處」，總是瞧不起歌舞伎町和在這裡討生活的人，但我也不願接受沉溺在歌舞伎町，卻不可自拔的自己。

當我開始意識到自己是經營者之後，便很想跟歌舞伎町之外的人交流，想藉此增廣見聞。除了上班之外，我不會踏入歌舞伎町半步。有時還會故作高尚地去西麻布或六本木這些高級地段玩，自然而然也就開了間與歌舞伎町的潮流無關的店。

在當時，歌舞伎町的地下金融可說是暗潮洶湧。皮膚黝黑、頂著小平頭，渾身都是肌肉，手上拿著現金箱的黑衣人，整天到處灑錢與炫富。這些高利貸總在酒店揮金如土，這個現象也慢慢擴散至深夜的 After Bar 與牛郎店，歌舞伎町也出現了泡沫經濟。

歌舞伎町到處都能看到黑衣人大搖大擺地走著，治安也越變越糟糕，我也離歌舞伎町越來越遠。我店裡的牛郎也不太喜歡乘著泡沫經濟這股潮流而來到店裡的客人，反而是到處奔波，極力爭取平常不太來歌舞伎町的貴婦。我的店完全沒有搭上歌舞伎町的泡沫經濟。

被一擲千金的黑衣人玩弄的酒店小姐、牛郎、皮條客一時之間成為漫畫或電影的主角，這類的漫畫或電影也流行了一陣子。不過，我雖然身在歌舞伎町，卻覺得這些事情跟我沒什麼關係。

地下文化盛行的九〇年代是有秩序的年代，每個人都懂得潔身自愛，但到了泡沫經濟的時代之後，這裡簡直成為非法地帶，越來越多黑店以及惡意拉客的人。一如將借錢說成資金調度一樣，有些牛郎店會把自己美化成男公關店（メンキャバ），但骨子裡根本不懂行規，有些來自關西的牛郎店則是以大阪的搞笑風潮為賣點，這些牛郎店都乘著這波歌舞伎町的泡沫經濟而一舉擴張勢力。

我冷眼地看著在歌舞伎町發生的這一切。

待在歌舞伎町夠久，有可能會自我逃避或閃避這裡，只有一小撮的人能久住於此，又能保持適當的距離感。我覺得，我找到了懂得與歌舞伎町保持絕佳距離感的自己，也懂得從外面俯瞰歌舞伎町的魅力。

維持歌舞伎町混亂與秩序的人們

戰後被燒成平地的荒原，以及歌舞伎町商店街振興公會

這個時期的我與歌舞伎町的主流背道而馳。因為接觸到重視環保、樂活這類環境問題的社會，所以我也參加了在表參道撿垃圾的活動，或是習慣與NPO的朋友聊天，以及從地區或社會的觀點看待事情。

就在這個時候，我遇到了杉山文野這號人物。據說他的曾祖父為歌舞伎町奠定了基礎，家族也在歌舞伎町一番街的入口擁有一棟大樓。在他的介紹之下，我開始有機會接觸歌舞伎町商店街振興公會。

歌舞伎町在戰後被燒成平地，之後則由在地的商人推動地區重建的都市計畫。根據該公會的《歌舞伎町六十年 歌舞伎町商店街振興公會沿革》的記載，一手推動都市計畫的，就是先前提到的鈴木喜兵衛，也就是文野的曾祖父。鈴木喜兵衛與其他在地士紳創立了「復興協力會」，簡化了土地租賃權，還透過道路規劃與行政區域劃分重新分配土地，親手打造了自己的家園。後來復興協力會的名稱不斷變更，最後於一九六三年商店街振興公會法實施之際，變更為歌舞伎町商店街振興公會（歌舞伎町商店街振興組合）這個名稱，而這個名稱便沿用至今。這也是日本第一個振興公會。

鈴木喜兵衛等人以「充滿道義的鬧區」為名義，希望讓歌舞伎町這塊地方變得更有文化、更加繁榮。為了讓歌舞伎座（表演歌舞伎的劇場）能夠進駐這塊地方，才將這裡命名為歌舞伎町。雖然最終歌舞伎座未能實際進駐，卻有許多駒劇場（コマ劇場／能像陀螺般旋轉的三層式舞台，舞台部分是往觀眾席推出去的半圓形構造）和電影院在這裡營業，這也算是繼承了鈴木喜兵衛的遺志。

鈴木喜兵衛這些人不僅是居民，更是在這裡做生意的人，很多人在分到土地之後，將一樓打造成做生意的店面，再將二樓的一部分當成住處。除了自己的生意之外，他們還會與行政機關聯手打造街景，並四處邀請大企業進駐，就像現在的 Cinecity 廣場周邊成為文化薈萃之地一般。不過，大家沒辦法全心全意為這塊土地著想，會以自己的生計為優先也是無可厚非的事。

根據木村勝美所著的《新宿歌舞伎町物語》所述，鈴木喜兵衛的想法似乎與其他居民有著明顯的反差。一如前述，被迫離開車站（黑市）的人是為了自己的利益著想，才聚集在歌舞伎町這塊地方，形成社區，但也是因為有一群人見到不顧私利，一心追求理想且孤軍奮戰的鈴木喜兵衛，振興公會才能在鈴木喜兵衛離開第一線之後，仍然努力振興在地的文化。

可惜的是，這樣的努力未能長久，振興公會中有一大部分的人搬出歌舞伎町，越來越多人將心思放在出租大樓這類事業，從事自營業的人越來越少。

歌舞伎町商店街振興公會的特徵在於擁有兩棟大樓，也就是擁有固定的收入與資產，因此振興公會的成員也採世襲制，替歌舞伎町著想的振興公會成員自然也越來越少。

到了現在，文野的父親是公會的副理事長，理事長則與文野同脈相承，是大樓的房東。

換句話說，歌舞伎町商店街振興公會是由歌舞伎町的大樓房東所組成。

我無意批判這樣的組織結構是好是壞，不過現在的振興公會一直為了歌舞伎町在努力。就正面意義而言，振興公會因為經濟上遊刃有餘，所以產生了與眾不同的組織文化，也能以俯瞰的角度為歌舞伎町規劃更長遠的未來。

這與我過去所見所聞的歌舞伎町截然不同，他們是一群重視歷史，為當下發生的任何事情開心、擔憂，並冷靜地守護著歌舞伎町的人。

振興公會也曾為了變成非法地帶的歌舞伎町擔憂，被公會視為問題之最的是牛郎店的拉客行為。

讓振興公會煩惱不已的牛郎店

記得在二〇〇五年的時候，我被文野帶去參加振興公會的會議，那時的牛郎簡直被視為惡魔，我當然也是首當其衝的一員。不管是哪個業界，應該都有遵守法令與不遵守法令的店家，但牛郎店卻全部被打成罪惡的象徵。

除了振興公會之外，警察也覺得牛郎店很令人頭痛。同時間，以驅逐黑道為主旨，由警察主導、牛郎業界大老的愛田武帶頭的歌舞伎町牛郎店協力會，於二〇〇六創立，幾乎所有的牛郎店都加盟了這個協力會。

加盟協力會的牛郎店不會派人拉客，但新興勢力卻依舊我行我素，不斷地擴張地盤，導致失去勢力的老牌牛郎店一間間倒閉，有些則不得不離開協力會。原本有超過一百間以上的牛郎店加盟協力會，最後卻只剩下十間左右。

歌舞伎町越來越像三不管地帶。振興公會雖然會定期巡邏歌舞伎町，我也參與了幾次，卻沒能一直參加。公會成員即使看到眼前有人在拉客，也不會直接警告對方。

從我的角度來看，就是這些拉客的人害得所有牛郎遭千夫所指，而且這些人的店的業績也越來越好。他們真的是一群可恨的傢伙，就算當面警告他們，這些早已習慣公會巡邏的人不僅不當一回事，還會當著我的面回嗆。

不過，我還是會以公會成員的身分警告他們，而不是以身為牛郎的前輩警告他們。我一直提醒自己，不能把事情鬧大，但他們那副「不然你想怎樣？」嘴臉與故意在我面前拉客的樣子，已經讓我忍無可忍了。

巡邏時間一結束，我立刻在公會的辦公室把巡邏背心脫掉，再以一介牛郎的身分衝回去找剛剛的那群人。我真的很想一腳踹飛他們，不過他們早就不在原地。現在回想起來，還好他們不在，才沒有惹出事端。

不過，這些同行雖然一直違法，但荷包卻一直進帳，反觀我們一直做一些賺不到半毛錢的事情，這樣怎麼可能在做生意這塊贏過他們？他們也有他們自己的正義，公會就只是公會，一切只是盡力而已，只有我的立場不清不楚而已。

「為什麼不更積極地淨化歌舞伎町？」「為什麼不更強力排除問題？」我花了不少時間才了解我與公會成員在認知上的落差。

「不共生，但共存」這句話解釋了一切！

歌舞伎町是灰色地帶，振興公會既非地方政府也非警察，只是為這個灰色地帶提供擔保的和事佬，公會成員一方面以長遠的眼光為歌舞伎町著想，一方面照著自己的步調，做能做得到的事。

繼承鈴木喜兵衛對歌舞伎町這塊土地的熱情，長年讓追求自身利益的在地人士團結一心的是，於一九五六年就任「協同公會歌舞伎町振興會」（振興公會的前身）初代公會會長的藤森作次郎。

作次郎在戰後經營提供進駐軍慰安服務的芙蓉館，不難想像與美軍關係良好的他，在當時擁有多麼至高無上的權力。

藤森作次郎之所以會在十年後擔任與行政機關合作的公會會長，我想應該是行政機關需要有個能與進駐軍打交道的人，歌舞伎町也需要一個能整合各方勢力的老大。

前陣子，我從作次郎的親戚口中聽到了一些當年的故事，他說：「當年真的很風光啊！過年的時候，親戚都會去藤森的家作客，他家的桌上堆了很多一萬日圓的鈔票。他都把這些鈔票當成壓歲錢在發，而且還有很多達官顯要來拜年，甚至連都知事都來了。」

或許正是因為擔任近三十年理事長，財力與權力兼具的作次郎，才能讓歌舞伎町的各界勢力互不侵犯，形成清濁並流的局勢。水清則無魚，只說好聽話是無法讓人跟隨的，但是若放任每個人追求私利，秩序也將蕩然無存。振興公會存在的意義，就是維持兩者之間的平衡。

藤森作次郎可說是為如今混沌不堪的歌舞伎町，奠定基礎的有功之人。

在藤森作次郎之後，振興公會慢慢地從善如流，走上驅逐黑道，力保風氣健全的路線，而且在我與振興公會有來往的時候，振興公會已與地下社會完全斷絕關係，就連牛郎店都被視為眼中釘，當然更不會與特種營業和黑道有任何來往。

我於二〇一七年被任命為振興公會的常任理事，距離第一次參加會議的時間將近十年，要信任彼此果然需要時間。

牛郎店文化一舉引爆的二〇一八年

走出歌舞伎町之後，外界對牛郎的偏見

二〇一八年，掀了一股牛郎店文化熱潮。

自十九歲進入這行，我與家人、朋友斷絕往來，活在只與同事與客人往來的方寸之地。當時的特種行業被視為化外之地，這個行業的常識完全無法於一般的社會上套用。我雖不願順從這個世界的規矩，最終卻還是被同化，無力改變這個世界的規矩。

我原本的打算是，在大學畢業後就辭掉牛郎這份工作，回歸一般社會。

二十四歲的時候也真的打算這麼做，最終卻未能如願，不但再也找不到來時路，而且還莫名地自立門戶。改變我的是那群可惡的工作人員！我不希望他們跟我一樣痛苦，過著沒有選擇的人生，所以我奮勇踏入歌舞伎町的世界，希望更了解社會的樣貌。

沒想到，迎面而來的盡是屈辱。我當然知道牛郎會被歧視，但更令人悔恨的是自己的無知，我與一般人的社會脫節太久，所有的價值觀都和我相去甚遠。明明就只是個要紅不紅的牛郎，卻完全不懂年輕人該有的禮儀與禮貌。

幸虧這時候交到願意接納我、包容我的朋友，沒有他們，就沒有現在的我。不過現在回想起來，除了與他們的相處，其他全是屈辱的回憶。大家對牛郎的偏見實在太過根深蒂固，初次見面的人一定都會有所警戒，甚至連女性都毫不掩飾地露出討厭的表情。

「我也想當看看牛郎！」「收過最厲害的禮物是什麼啊？」

幾乎每次都有人會問這種問題，每次我都只能自嘲一番，避免破壞現場的氣氛，但實際上是皮笑肉不笑。那些接納我的朋友很積極帶我去不同的地方，與不同的人見面。如果沒有那段時間的朋友或夥伴，我說不定早就放棄摸索這個社會。

同世代的牛郎也有人跳到外面的世界，捨棄了過去的種種，選擇在外面的世界生活。但整個社會對於牛郎的偏見實在太深，「前牛郎」這個身分就像擺脫不了的烙印。

我不希望我店裡的牛郎跟我有一樣的遭遇，我希望他們能擁有「擺脫偏見」的方法，所以我要打開他們的眼界，讓他們看看外面遼闊的世界，而不是窩在只有牛郎的封閉世界。有段時間，我甚至禁止他們與歌舞伎町的夥伴來往，讓他們更加社會化是我人生的使命。同樣的，我也把在歌舞伎町工作的同時，並讓自己也能適應一般社會這件事，當成生活的目標，而且我也強迫店裡的牛郎接受這個目標。我一廂情願地認為，就算他們現在不懂，日後也一定會感謝我。我知道，很多外人都揶揄我的店像是個邪教。

由於有了這個目標，所以我不太理會歌舞伎町的勢力如何分佈，也不太關心歌舞伎町的流行。歌舞伎町的流行總是比一般社會慢上好幾步，所以我的店就算跟上一般社會流行的風潮，對歌舞伎町來說卻是「太早了！」，更沒有因此生意興隆，最多只是保住了一個特殊的地位。

即使整個社會掀起一股牛郎的風潮，我一樣只想著歌舞伎町之外的世界。我只與歌舞伎町之外的人一起行動。我在公司做的事情也只符合外界的常識，不符合歌舞伎町的常識。

不過，我店裡的牛郎實際接觸的還是歌舞伎町的人。牛郎業界的市場因為牛郎這股熱潮而逐漸擴大，不變的只有我的方針，以及成長軌道。我的店在歌舞伎町的存在感越來越淡，在我店裡工作的人雖然身在歌舞伎町，卻每天體會到我在外界體會到的疏離感。

不知不覺成為歌舞伎町的浦島太郎

就算要改變經營方針，我也得先仔細觀察整個牛郎業的市場。

或許，這也是第一次我如此認真看待牛郎這一行吧！我瀏覽了一下同行的官方網站，也跟有交情的同業聊了一些事，剛好對方在歌舞伎町的大馬路旁開了間書店酒吧，所以我有時會找路過的牛郎一起去那裡喝酒，或是去其他店喝酒。

在那裡，我見到了與我認知完全不同的牛郎業界，我簡直就是歌舞伎町的浦島太郎，我原本以為自己的店是歌舞伎町之中唯一的佛心企業，但事情根本不是我想的那樣。大型集團早就企業化經營，也遠遠比我了解做生意是怎麼一回事。

在他們那邊工作的牛郎有的正在讀知名大學，有的早在Youtube闖出名氣，沒有半個是小屁孩。牛郎的世界遠比我知道的更加開闊。

社群網站的影響果然深遠，不管是哪一行，應該都是這樣吧！如今已是不能偷偷幹壞事的時代，懂得順應時代潮流的世代已在牛郎這一行活躍，而且以推特為主的獨特世界觀，也已滲透整個牛郎業界。

一直以來，我都要求旗下的牛郎早一步經營社群網站，我自己也在十年前就開始經營部落格，也建議別人一起經營。不過，那時候的歌舞伎町還不太了解社群網站有多麼重要。即使如此，我幾年前就蓋了間攝影棚，要求旗下的牛郎現場直播，只要有新的社群網站出現，就要求他們學習。可惜的是，那時沒辦法有效創造利潤。

推特是牛郎，以及迷戀牛郎的女性的劇場

HOSTLOVE 網站的進化

隨著社群網站普及，推特的熱潮似乎有些消退，我也很少打開推特的應用程式。但在半信半疑之下，我打開睽違許久的推特，再將其他店的牛郎列入列表，觀察他們的動向。有件事讓我很驚訝，原來他們已經自成一個文化圈。那是從二〇一七年到二〇一八年的事。差不多在二十年前，就有一個稱為HOSTLOVE（ホストラブ）的牛郎版2ch存在。從我還是現役牛郎的時代，就有人在那裡以匿名的方式，寫一些有的沒有的事情。在我還是現役牛郎的時候，我比其他牛郎店的人更認真面對牛郎這份工作，卻也一如前述，不太關心歌舞伎町的市場，所以

工作也沒有受到 HOSTLOVE 的影響。

那些不知真假的故事的人，最多只能在接待客人的時候拿出來講講而已。在我的印象裡，我的店幾乎沒有因為這些故事導致業績增加或減少，但我倒是很常看到身邊的老闆被這些故事耍得團團轉。

由於推特的匿名性較高，受過 HOSTLOVE 薰陶的牛郎反而敢以本名回應，回應的過程也充滿戲劇張力。比方說，有人以匿名帳號在留言欄揭露牛郎的本名，以及批判這位牛郎的時候，被點名的牛郎會以本名嗆回去。有些客人甚至會上傳約會時的照片，或是公開 LINE 的訊息截圖，牛郎也會直接回應。

不過令人驚訝的是，這些事對牛郎而言，幾乎都是加分而不是扣分。這或許是因為負面行銷也被認為是一種行銷手法所造成的吧！當時，我真的能看到很多這類毫無品格的負面行銷（炎上商法）。

如果我店裡的牛郎也陷入這種泥沼，我當然會看不下去，但如果是其他店的牛郎被攻擊，還是會忍不住好奇，想知道後續的發展。使用匿名帳號的客人常將自己稱為「牛郎迷」，不僅不避諱上傳自己在店裡一擲千金的事蹟，還會分析自己在牛郎店花大錢的行為。在他們那個圈子裡，有許多人懂得透過語言描述牛郎自己都難以描述的真實感受，而這些人也會批評牛郎在推特上的所做所為，對牛郎評頭論足。當時，甚至出現了將某位牛郎設為手機桌面，收入就能增加的風潮。

牛郎故意引來批評的負面行銷術

二〇一九年，負面行銷術成為爭取發話權的手段，除了某些 Youtuber 之外，這種手法在牛郎界也越來越有成效。每個人對這種現象的評論雖然不同，但這種負面行銷手法的確有它的市場，也的確會牽動牛郎店的業績。

對我來說，那是我不屑一顧的世界，但這卻是牛郎業界的現實。一直以來，我到底關注了什麼，又教育了後輩什麼？我不禁詛咒沒能認清事實的自己。

要在對立的意見之中找到平衡點是很困難的。我除了雇用社群網站顧問，還一邊觀察那不容忽視的市場，一邊探索屬於自己的社群網站經營模式。牛郎使用的負面行銷手法越來越過分，有些牛郎不是在推特發表看不起客人的言論，就是故意上傳揮霍金錢的影片，為的就是一鳴驚人。日本之前 **Instagram** 還是主流的時候，有些型男牛郎知道「螢幕上的表象」有多重要，所以會透過 I G 展現自己的特色。但是，當其他牛郎則紛紛轉戰推特，推特也成為牛郎界的主流社群網站。

我從沒想過牛郎界會如此沉迷於負面行銷手法。當 I G 還是主流的時候，很多人會利用一些奢侈品或現金，來炫耀自己的生活過得多麼充實，但是當推特成為主流後，現金與高額的帳單才能引人注意。這些人追求的不是「表象」，而是更加真實的生活。所以牛郎界也出現了在現實世界常見的資訊操弄現象，也就是故意誇大業績，再加以大肆宣傳的手法。這助長了牛郎界從過去到現在都有的歪風，就是所謂的「掛帳制度」。

因掛帳而白熱化的牛郎地位之爭

掛帳的功過

掛帳就是賒帳，自古以來，牛郎店就有賒帳的文化，客人付不出來的時候，牛郎必須代墊。

我自己還是現役牛郎的時候，也曾多次被顧客倒帳，氣得無可奈何，也曾因為掛帳制度而增加業績。不過，若是縱容顧客掛帳，雙方的關係有可能會惡化，所以從整體來看，不良影響還是居多。

我自立門戶之後，極力阻止店裡的掛帳文化，但還是不時有牛郎被掛帳所害。

那時身為經營者的我尚未站穩腳步，店裡的營運也還沒上軌道，不允許掛帳，就很難做成生意。雖然不是很喜歡掛帳這件事，但我知道自己無形之中，還是給了店裡的牛郎不少壓力。過了幾年之後，店裡的牛郎總算習慣沒有掛帳制度的營業方式，這在歌舞伎町可是件很了不起的事。

歌舞伎町的許多牛郎都會跟店裡借錢。就我的推測，能在發薪日領到全薪的牛郎最多不會超過一半，但我們店裡的牛郎幾乎都沒有欠店裡錢。

不過，隨著集團的規模越來越大，希望放寬掛帳限制的聲浪也越來越強，最終因為掛帳的限制太嚴格，導致業績無法增加的意見還成為主流。掛帳是會反噬自己的，到時候一定會有牛郎因為這種不是大好就是大壞的賭注，搞得自己渾身是債。牛郎明明都知道如果客人倒帳，自己就得代墊，卻還是希望放寬掛帳的限制。

從店家的角度來看，付錢的是牛郎還是客人都無所謂，不會有任何的損失。

從過去到現在，「對牛郎店來說，牛郎也是客人」這個概念都是這個業界的常識。從旁鼓吹牛郎彼此競爭，把業績好的牛郎捧成英雄，讓牛郎不惜自掏腰包，也要登上紅牌寶座，就是牛郎店的商業模式。

我自己也是身在其中，而且執迷不悔的一人，只不過我運氣比較好，得以留住一點錢在身邊，但有如此運氣的人，在這個業界少於5％。而且，在這一路拚得你死我活的過程中，我看過不少人被淘汰，也真的見過很多人跌入深淵，或欠了一屁股債而跑路。我不希望我店裡那些年輕牛郎，成為那95％的其中一人。

所以，我總是時不時提醒店裡的牛郎「牛郎是員工不是客人」，也準備了很多研修課程，幫助他們提升服務品質。我覺得，其他公司用那種像是傳直銷的手法激勵員工是件很蠢的事，但我卻也讓自家的牛郎學習紅酒的相關知識。就某種意義來說，我是瞧不起其他公司的，但其他公司的規模竟然越來越大。

只顧面子的業績競賽

某次，我聽到其他公司的經營狀況真的讓我大吃一驚。聽說掛帳能回收一半的金額就已經很幸運了，而且竟然有很多家公司都有這種情況。有牛郎為了得到千萬業績的名號，硬是自掏腰包做業績。這跟在社群網站炫富，帶風向的人沒什麼兩樣。我一直認為牛郎店是「喝酒的地方」，希望自己像是在銀座的俱樂部工作，也希望自己的店有存在的價值。

不過，整個業界卻朝向完全不同的方向行進。我這個不認識半個 Youtuber，也不認識負面行銷高手的人，竟不知道正確的方向在哪裡。網路上追蹤者很多就有價值？好像也不是這樣，應該還有其他特殊的評估標準吧！但我也不知道這些標準是什麼。我唯一知道的是，這些事情導致服務本身的價值，以及酒店的價值越來越差。

其他公司給牛郎的佣金越來越高，相對的，酒錢也越調越低。這表示，從事牛郎這行的風險越來越高，牛郎也越來越兩極化，只分成熱門與不熱門的兩種。我的店與整個牛郎業界可說是背道而馳，所以我只能把自己當成另一個行業，與牛郎業界分道揚鑣。可惜的是，沒有夥伴希望我這麼做。

一來，我沒擁有能率先開創新世界的力量，整個環境也不允許我這麼做。二來，這個業界沒有這樣的市場，連我自己都覺得牛郎店要經營得像銀座俱樂部那樣的優質，是件不太可能的事。總之像我們這樣的人，只能一邊做夢，一邊順著歌舞伎町的規矩混口飯吃。漸漸地，我放下牛郎店的經營，並以會長這個身分看著自己的集團慢慢變質，以及我所堅持的文化被漸漸淡化。不過，業績數字是不斷成長的，雖然沒能像泡沫經濟的全盛時期那樣，但刷新單月業績記錄的月份越來越多，業績也成長至十年前的兩倍。我終究被時代的洪流吞沒了，不對，被時代洪流吞沒的是這個行業才對吧！

二〇一九年大幅改寫了過去最高的業績記錄，我也在歌舞伎町房租最高的大樓租了間八十坪大的店面，接著投資了一億日圓在二〇二〇年五月開幕的新店。

然後，新冠疫情就爆發了。

在煙花之地工作這件事

歌舞伎町是幾經漂流才得以落腳的地方

就在牛郎熱潮最盛之際，新冠疫情爆發了。

不過，歌舞伎町與牛郎店竟然挺了過去。這讓我著實大吃一驚。當然，在這疫情之下，每個人都過得不那麼輕鬆，但還是盡量保持樂觀，繼續撐下去。

卡繆所著的小說《瘟疫》曾提到柯塔爾（Cottard）這號人物。以走私維生的他，總是害怕自己被捕，死亡也如影子般跟著他。在他眼中，這些害怕鼠疫的人跟自己陷入相同的狀況，他也覺得自己的日常生活在本質上與鼠疫沒有兩樣，所以總是覺得那些害怕鼠疫的人很可笑。

我也聽過只有幾%的人能在戰場上保持精神正常，而這些人平常就與打架或暴力為伍。

這些人在社會有一定的數量，但這些人難道不需要有能討生活的地方嗎？歌舞伎町是幾經漂流才得以落腳的地方，不是你想待就待的地方，而是一待就離不開的地方。沒有人是一開始就打算長久待下去，大部分的人都只是把自己當成這裡的過客。這裡不是最終的目的地，而是避難所，每個人只要遇到困難，都可以逃回來避難。

這個業界有句「脫離夜生活」（夜を上がる）的俗語，意思是離開歌舞伎町，辭掉特種行業。不過，有些人會若無其事地回到歌舞伎町重操舊業，誰也不會責備他們。

越是高談夢想，離開歌舞伎町的人，越會在夢醒之後回到歌舞伎町。沒有人會因為這樣就嘲笑這些人。就像沒發生過一樣，這不過是歌舞伎町的一部分而已。

歌舞伎町會接納所有人，也不會阻止任何人離開。

歌舞伎町是徬徨之人的棲身之處嗎？

一群徬徨之人聚在一起，也只會終日徬徨而已。

我也很徬徨。

我不記得昨天在哪裡喝到幾點……現在是下午二點，走了又來的頭痛，讓我醒了過來。口乾舌燥的我，意識仍然朦朧。打開水龍頭，用雙手捧了點足以沾濕嘴唇的水喝進肚子，以免又把水吐出來。躺回被窩之後，我不斷地調整姿勢，希望能讓肚子舒服一點。我的呻吟很沙啞，有那麼一瞬間，昨天的記憶突然復甦，但我立刻把它忘掉，我完全不想回憶昨天，只想再睡一下。下午四點，我打開LINE的一堆未讀訊息，腦袋也開始運作。還沒離開被窩的我閉上視線仍然模糊的那隻眼睛，告訴自己「先回完訊息再說」，今天也在回訊息的過程中揭開序幕。

我再也不要喝酒了。

我不知道對自己說了幾百次這句話。

心理跟生理都很不舒服。

像這樣硬逼自己啟動一整天的生活，昨日的記憶就會被封存在大腦某個遙遠的角落裡。我不斷地喝水，不斷地尿出透明的尿，不斷地開著無聊的會議，將自己喝醉的醜態留給別人。

今天很不走運，沒有局要去，我只好不情願地面對昨天的回憶。總是擺出一副了不起的模樣，對這個地方說三道四的我，真的很可恥。

昨天有麻煩別人嗎？有讓人覺得不舒服嗎？我不太想回想得太清楚，所以只撈出一些表層的記憶。我應該是沒拖累別人吧！好像也沒人受害，也沒掀起什麼波瀾吧！

原來，我昨天去見了朋友的朋友，還一直從旁勸說，希望對方能來準備開幕的店上班。裝成一副好人與前輩的我，一直說自己對這行有多麼熱情，之後還直接付了所有人的費用，連收據都沒拿就先回家，然後一個人在計程車上後悔。

為了讓胃裡面有點東西，我咕嚕咕嚕地喝了好多水，還吃了不知道在冰箱放了多久的布丁。臉還熱熱的，看來酒精還在作祟。這股來自胃部表面的悶痛，彷彿錐心之痛，一次又一次地提醒著後悔。

隨手滑滑社群網站，打發時間之後，太陽就下山了。

「同病相憐」地活下去

從昨天晚上五點開始，我們一行五個人在歌舞伎町喝酒，喝到晚上十點散會，大家都回家，只剩下我一個人留在那間店，所以我從座位區移到吧台區之後，繼續與其他的客人喝酒。坐在旁邊喝酒的女性一直在意最後一班電車的時間，但我卻一直慫恿她「沒關係啦！沒關係啦！」不過我沒有別的居心。當我在跟別的客人聊天時，她也還在店裡，我問她「喝到早上沒關係嗎？」結果她隨口應了我幾句。我覺得我好像做了壞事。朋友說有工作上的事想聽聽我的意見，就來到這間店。他給我看了一份內容很艱深的資料，我雖然不太記得內容，但依稀記得自己挑了幾個毛病。

過了凌晨零點之後，我換到一間小巧玲瓏的酒店，幫硬是要我點二千日圓酒水的酒店小姐點了兩杯一千日圓的飲料。我原以為有個 Uber Eat 的外送員站在店門口，後來才知道那是負責拉客的人。心想，穿成那樣應該很容易拉客吧！因為誰都不會躲開，卻也覺得會派人拉客的這間店，該不會是黑店吧？那我豈不是飛蛾撲火？但我只是想喝酒才來的。喝到醉意漸濃之後，我便走出這間店，打開隔壁店的門走進去。這裡應該是營業到深夜的女孩酒吧還是小酒館之類的吧！女孩子不是坐在客人的旁邊，而是坐在正對面。旁邊的客人跟我搭話，對方看起來有點恐怖，但談吐倒是很有禮貌。我則是盡可能不露出害怕的神情，以半口語、半敬語的語氣與對方交談的同時，一邊保住自己的尊嚴，一邊想著「千萬不要激怒對方」。太過畢恭畢敬會讓女孩子厭煩，但太臭屁也會被討厭，我不想討好別人，卻也不想被別人討厭。

我在念高中的時候，學校的老師曾告訴我「自己如何看待自己，以及怎麼過生活」是個人的品格，要維持個人品格，就像是在走鋼索一樣。總之，我是裝出一副很享受交談的樣子，不對！說不定我真的很享受當下的氣氛，也有可能是因為酒精的催化使然，我大手筆地點了瓶香檳，請在場的客人喝酒。我將香檳倒入黏黏滑滑的塑膠香檳杯之後，便一口喝進肚子。

走出這家店之後，我走到大馬路，再移動去常去的酒吧。我點了杯純飲的波本威士忌，一口一口慢慢啜飲，但這時候我已經喝到連一句話都講不完整的程度，而且整個腦袋也因為抽太多菸變得昏昏沉沉的。走出這間酒吧之後，我原本打算回家，可是當我搖搖晃晃地走到靖國通這條馬路，呼吸到戶外的新鮮空氣之後，覺得整個人醒了過來，結果又去喝一杯。我似乎又一如慣例地向陌生人說教。

我無心確認這件事，反正山水有相逢，總有一天會再遇到。

我是條陷入彷徨的洄游魚，了然一身，不事生產，只懂得送往迎來，卻不知道對方是誰，對方也不知道我是誰，剩下的只有令人徹底倦怠與噁心的工作。

每個人的人生都有煩惱，沒有人可以只朝著目標衝刺。每個人隨時都在彷徨，但這樣是沒辦法在社會生存的。即使是醉生夢死的我，也會對員工說要有自己的原則，要重視自己的志向與宿命。一切都要追求效率，要重視性價比。

在電影《鬥陣俱樂部》的世界裡，每個人透過互毆感受活著的自己，但我沒辦法效法那種脫離現實的事情。只不過，那股重重壓內心的倦怠與後悔，的確讓我感受到自己還活著。倦怠與後悔的心情雖然毫無意義，卻非毫無價值。

我想什麼都不想，了然一身地繼續彷徨下去。

能接納任何人，也能假裝對任何人都不感興趣，歌舞伎町是個讓任何人陷入彷徨，不知該何去何從的地方。

我們這些彷徨不已的居民也接納那些正在彷徨的人，與他們同病相憐地活著。

第二部

歌舞伎町是充滿包容之處

牛郎是個讓人誤以為「穿著燕尾服睡覺」的工作

不想被人看見私生活與不知所措的自己

寬版金領帶、勞力士、賓士，穿的用的都要是一眼能辨識的名牌，前輩曾告訴我，這是身為牛郎的禮儀。

身上不能散發半點生活況味，不能表現出一副平民老百姓的模樣，得要跟客人說：「我都穿著燕尾服睡覺喔！」就連還是個負責出門拉客，默默無名的牛郎時，也不能讓人看到走進便利商店的模樣。口渴了，就用口袋裡僅剩的錢，在咖啡廳喝杯五百日圓的咖啡潤潤喉。一如武士再窮、再餓，也要叨根牙籤，暗示自己吃得飽飽的，打扮得體面也是牛郎的工作。懂得隱藏自己的窘迫，才能勝任牛郎這個工作。

我成為頭號牛郎之後沒多久，就被客人倒了四百萬日圓的帳，存款也瞬間歸零，所以代墊也無法減少倒帳的金額。就算是頭牌，剛爬上這個地位的時候，還是得花不少錢虛張聲勢，把自己打理得像個頭號牛郎。

明明是因為不想受限於任何框架才來到歌舞伎町的，結果自己竟又跳進頭號牛郎的框架，但當時的我根本沒發現自己的矛盾，只是拚命地追求那些頭號牛郎應有的行頭。我記得那時候我買了好幾套西裝，也買了手錶、車子，時不時還請後輩吃大餐，搞得手邊沒有多少存款。

等著我的是下個月發表業績排名的排名會議。雖然大家都知道我被倒帳，但如果有能力代墊就能維持排名，所以每個人都覺得被倒帳的我，還是能穩穩坐在第一名的寶座上，沒有人會覺得頭號牛郎連區區四百萬日圓都沒辦法代墊。

可是我真的沒錢代墊。當時的我費盡九牛二虎之力，才勉強保住第一名寶座。排名會議開始之後，我的名字在發表到第七名的時候被叫到。雖然排名掉這麼多讓我很懊悔，也覺得很沒面子，但我選擇接受這個結果，完全不想逃避，因為逃避才真的丟臉，我想保持僅剩的臉面。其實當時的我背了不少債，所以想逃也不知道該逃到哪裡去。

當時我跟店裡借了錢，所以只能拚命做業績，再用薪水還債。我預支了一筆少少的薪水，當作還清債務之前的生活費。我每天都到店裡上班，每天都為了賺錢而虛張聲勢。回家的時候，會在後輩面前坐上計程車，到了車站再改搭電車回家。每次走進車站的時候，都會慌慌張張地左顧右盼，生怕被後輩或是歌舞伎町的人看到，我每天都過得相當膽顫心驚。當時的牛郎店可以營業到深夜，所以通常會在早上八點回家，車站擠滿了一波波上班族的人潮，只有我一個人逆流而走。我的頭低到不能再低，只為了不被別人發現我搭電車回家。好不容易搭上空蕩蕩的下行電車，沒看到半個像是歌舞伎町的人之後，我才放心下來。

那時我剛搬到房租高達二十五萬日圓的摩天大樓，租的是非常寬敞的一房一廳。我在買家具之前已身無分文，房間空得只剩下一床棉被。房間好冷，迴音好清晰，我拍了拍手，聽著迴音，苦中作樂。新家的地板很漂亮，但沒有窗簾，清晨陽光一射進屋內，地板上的灰塵便閃爍著光芒。這空無一物的房間，簡直就是我本人的寫照。

隔月，我奪回了第一名的寶座，但沒有薪水進帳，只能預支薪水，勉力維持虛假的門面，繼續過著虛有其表的生活。

我沒辦法像身邊那些炙手可熱的牛郎，全身穿著要價不斐的名牌。沒辦法讓自己像個頭號牛郎，所以我只好讀遍大大小小的時裝雜誌，強化自己的精神武裝。

利用低成本營造自己站在流行尖端的假象，買一些跟名牌很像的平價服飾，或是挑一些很有設計感的衣服，避免被人發現買不起奢侈品的事實。

連續三個月登上第一名的寶座之後，我總算還清了債務，也總算在第四個月拿到睽違已久的現金收入，這感覺就像清水滲入乾渴的喉嚨般暢快。雖然物質生活還是很匱乏，也不是大把大把的鈔票進帳，但拿到薪水袋那一刻的紓壓感，至今仍忘不了。

我覺得就是有這次的經驗，才有現在的我。在這次事件之後，我改掉了牛郎的墮落，一步步往好的方向成長。是的，「一步一腳印」地往不是牛郎的方向成長。

其實即使是現在這個時代，牛郎依舊很迷所謂的奢侈品或名牌，尤其喜歡一眼就能看出是什麼牌子的名牌，不管是手錶還是車子，品牌與價格比什麼都重要。不過牛郎也知道，這些名牌的價格不等於自己的價值，他們知道真正的價值在於自己，但事情就是這樣，牛郎的行事作風就是穿上那些辨識度極高的名牌。這點跟二十年前沒有兩樣，但那些名牌也通常很快就褪流行。

有段時間，歌舞伎町有很多人穿著背後是斑馬線圖案的衣服，之前也有很多人穿著後面寫著大大的BALENCIAGA，剪裁十分寬鬆的襯衫。不過，現在都看不到穿這種衣服的人了。

我覺得這些人的心情與法國革命之後，在十九世紀歐洲出現的布爾喬亞（資產階級）很類似。簡單來說，布爾喬亞就是所謂的暴發戶，不是當時擁有特權的貴族。一般認為，當時的布爾喬亞為了與貴族對抗，往往會虛張聲勢，但沒有身分地位，又無法守住財產的他們，只能依附在轉瞬即逝的「東西」上。

我看過不少追求名牌的牛郎，就如同布爾喬亞是基於崇拜貴族的心態，才一心想要模仿貴族的氣質，讓自己更像是貴族。

牛郎絕對沒有嚮往上流社會或貴族的世界，只是一心想要成為他們心目中的成功人士，所以牛郎與布爾喬亞完全是不同類型的人，當然也沒有孰高孰低的問題。

牛郎界也有人抱持著截然不同的價值觀，這些人覺得十年後還能不褪流行的皮衣、牛仔褲很划算，或是覺得模仿賈伯斯的穿著打扮，很省時與合理。也有人覺得買那些明年就不能穿的當季服飾是一種奢侈的美學，也覺得只有這麼做才能表明自己是個很會賺錢的牛郎。

牛郎之所以會如此追求名牌，或許是因為在牛郎店看到那些客人在一擲千金之後卻還是覺得空虛，而這樣的空虛感也投射到自己身上的緣故吧！或許這些牛郎早就發現這點，卻假裝視而不見。

牛郎店的小偷與一個重大決定

在了解小偷之後

不管有沒有前科，基本上牛郎店什麼人都收，所以也有人一開始就是因為犯過罪才進來牛郎店，我也看過不少手腳不乾淨的人。

來應徵體驗牛郎工作的人，我通常會讓他在營業時間結束之前就回家。差不多十年前，曾發生了一件事。當時有個牛郎在營業結束之後跟我說「錢包不見了」，其他牛郎檢查了一下自己的東西後，也有幾個人說自己的錢包不見了。我想起來那天有個人來體驗牛郎工作，才知道自己上當了。他來應徵的時候，寫了履歷表，我也影印了他的身分證，但身分證很有可能是偽造的，履歷表也有可能是亂寫的。履歷表上面的地址離歌舞伎町很近，所以即使我覺得這地址的可信度不高，卻還是立刻衝去這個地址。抵達現場之後，發現是個沒有自動上鎖的大型公寓。

我按了某間房間的門鈴之後，睡眼惺松的他穿著睡衣來玄關應門。他明明知道已經東窗事發，卻還故作無辜地問「有什麼事嗎？」我問他「我可以進去看看嗎？」便半強硬地闖了進去。我試著問他「你偷了錢包了嗎？」穿著棉質睡衣的他邊搔頭邊回答「我哪有偷啦！你怎麼會這樣問啊……」一副很光明正大的態度。但這房間好像還有別人一起住，所以我先讓他坐下來，然後坐在他的正面，一邊觀察他的表情，一邊看著他的眼睛對他說「我也覺得這樣懷疑你不太好，不過先下班的只有你，所以才來這裡問看看。」

「蛤？」他用一副不敢置信的表情盯著我。我心想，如果他真的是犯人的話，早就把錢包丟掉了，要抓到證據應該不太容易，所以故意放低姿態，降低他的警戒，看看能不能讓他自己坦白。我問他「能不能讓我看一下錢包？」他直接就拿出來給我看，裡面的確是沒放多少錢。當下還有其他同住的人，不方便繼續待下去。

正當我覺得「該不會真的不是他偷的吧？」沒想到跟我一起來的同伴大喊「找到了！」把他的包包整個倒過來，一堆名牌錢包接二連三地掉到地上，這一幕彷彿像是電影裡的慢動作一樣，一堆LV的名牌錢包就這樣散落一地。

小偷真的是防不勝防。

自從設置防盜監視器之後，逮到犯人的機率就增加了。曾抓到以老練的手法，趁空檔從員工休息室的包包抽出錢包，再從錢包抽出一萬元的知名私立大學的學生，也曾抓到將偷到的錢藏在女廁垃圾筒下面的四國國立大學學生。只要去這類人的家裡搜索一遍，就會發現他們通常是竊盜慣犯。

某天我在酒吧喝酒的時候，某間牛郎店的內場員工跑來報告有牛郎的錢包不見了。由於那間丟了錢包的店的牛郎剛好也坐在吧台喝酒，所以我們便三個人一起回想事發的經過。那位牛郎思路清晰地說明了當天的情況，也提到要下手的話，只有可能會是誰或誰。接著他的店打電話來，說是已經看過防盜監視器的記錄了。原來，坐在我旁邊喝酒的牛郎就是犯人。

其實從某個時間點之後，我變得很會抓小偷，所以當這位牛郎對這個話題一臉有興趣地說「小偷應該是誰」的時候，我便覺得「眼前的這個傢伙應該就是犯人吧！」不過，他自己似乎真的忘記自己曾偷過別人的錢包。

總歸來說，小偷都有一些共通之處。大部分的小偷都不覺得自己犯了什麼錯，有很多人甚至連自己偷過東西都忘記，我也聽過有些人無法區分自己與別人的東西。雖然不是每個人都這樣，但其實「一時心血來潮」或「鬼迷心竅」的犯罪並不多見。

過去曾發生一件我一輩子都記得的重大事件，那就是店長盜領了店裡資金的事件。牛郎店的錢是很難盜領的，因為每天都會發表牛郎的個人業績排行榜，所以只要內場的人盜領，數字就與牛郎的業績對不上，會計與牛郎也會一起確認數字。不過，那位店長趁著客人還沒指名牛郎的時候，也就是業績還沒經過會計與牛郎雙重確認的時候，就先盜領了部分業績。後來才知道，是這位店長因為沉迷賭博，搞得自己債台高築。

這位店長對整個集團很有貢獻，也是公司的第五把交椅。他結了婚，也生了小孩，大家也曾在他的婚禮一起炒熱氣氛，我們跟他的老婆與小孩的交情都不錯。我把十名左右的集團幹部與這位店長，一起找到面前來。

「我光是想到〇〇（小孩的名字）的臉，就覺得丟臉丟到家了，你這傢伙怎麼幹出這種事啊……」個性剛強的集團幹部邊說，一邊自顧自地掉起了眼淚。比起生氣、責備，大家更像是自己遇到事情般懊悔與哭泣。現場只聽得到每個人不斷啜泣的聲音。

「這當然要開除！但好想放他一馬……」我整個人陷入天人交戰的情緒。我是最該大聲說出開除的人，但心中五味雜陳，實在不知道該怎麼做。

這時候，平常工作隨便，態度輕率，老是扯大家後腿，只有占便宜最會的老幹部突然說了句「就原諒他吧！」他知道在場每個人都想這麼說，卻沒人說得出口，他也知道這絕對該開除，也沒有原諒的空間。身為集團幹部，就必須遵守規則，即使心情上想要原諒這位店長，但沒有人可以這麼不負責任。

沒想到與這位老幹部在個性上完全相反，而且最重視規則的財務幹部竟然附議地說：「沒發現這個漏洞的我也有錯，而且這也是制度上的漏洞。我們就很完美嗎？我們所有人都有守住規矩嗎？沒有的話，就放店長一馬吧！」

雖然當場決定讓那位店長繼續留在集團，但他最終還是沒戒不掉賭博，也從家庭與新宿銷聲匿跡。

那位說出「就原諒他吧！」的老幹部在集團待了十年左右。從我的角度來看，他真的專做一些扯後腿的事情，但是聽到他說出別人不敢說的這句話之後，我便覺得「這說不定就是他的價值所在」。那不識時務，不對！那句「太識時務」的發言讓我一輩子都忘不掉，也覺得這就是他的「工作」。

其實不管從哪個角度來看，都應該當場開除店長，但是大家都把店長當成自己，為他的人生煩惱不已。不過，除了再也不可能原諒這種事之外，就經營而言，這件事也沒什麼值得參考的地方，但仍然是我們「塑造集團文化」的重要事件。

如果下次再發生一樣的事情，我應該不會選擇原諒了吧！但對我們這群人來說，這次的寬容不僅是永生難忘的事，更是我們要繼續前進，就不得不克服的一大課題。

沒有家的另類牛郎教主與一群奇怪的人

幫忙點出自己有多遜的朋友

有很多人被說成是歌舞伎町的居民，我自己也曾被人這麼說過。我有時候也會問自己「我是什麼人？」如果硬是要分類的話，我覺得被說成是歌舞伎町的居民最為理想。

不過，我在二十幾歲的時候，只有在上班時才會待在歌舞伎町。

我本來就不是屬於歌舞伎町的人。我每天都在想，我應該是念過一流大學，在一流企業上班的人，總有一天我要走回自己的路。我總是對自己說：「你是住在高級住宅區的南山，在港區玩的人。」儘管我討厭把朋友分成三六九等，卻又一直告訴自己會這樣分類朋友很正常。當時的我一心想成為都會區的一分子，也是最土的鄉巴佬。

到了三十幾歲之後，我還是一事無成的鄉巴佬，我也厭倦一直武裝自己的生活。可是當我不再愛慕虛榮，才發現整個歌舞伎町的風景變得好立體，街景也閃耀著無比光芒，我有種被霓虹燈的燈光輕輕地托著、環繞著的感覺。當我發現歌舞伎町接受了我，我便不自覺地紅了雙眼。

自此，我成為歌舞伎町的俘虜。

我有位朋友叫阿薰，是他讓我發現自己有多麼遜。在我所有認識的人之中，阿薰是最像歌舞伎町居民的人。我應該是二十幾年前認識他的，而他早在那時之前就住在歌舞伎町了。他是道道地地的歌舞伎町居民。話說回來，從那個時候他就沒有「家」的概念，他總是把「家又沒有什麼特殊意義」的話掛在嘴邊。

阿薰在那個很難自立門戶的九〇年代，二十歲出頭就與年紀相仿的同伴在歌舞伎町開了間牛郎店ＥＶＥ。雖然這間憑著一股氣勢開的店有點亂七八糟，又很像是某種學校社團，但卻聚集了一堆像是會在當時年輕族群愛看的《egg》雜誌亮相的花美男，也在歌舞伎町刮起一股旋風。我覺得目前「男大姐牛郎」這種休閒風格的牛郎店能在九〇年代成功，這間店絕對扮演了重要的推手，也肯定會在歌舞伎町的牛郎史留下歷史定位。

其實阿薰算是另類的牛郎教主，在歌舞伎町也是個超級有名的人。紅色的頭髮搭配滿臉的臉環，非常時尚！足以與時代相映生輝。他也是不折不扣的花美男牛郎教主，總是帶領著身為後輩的花美男牛郎。

我跟他同年，我們既是不同店的競爭對手，也是同世代的當紅牛郎，所以也很常有機會一起拍照，漸漸地我們就變成好朋友，即使到了二十六歲我自立門戶，我們的交情依舊不變。

業績蒸蒸日上的EVE後來換到歌舞伎町最大的店面，此舉卻是最大的敗筆。在小店面的時候，一些衝勁十足的年輕牛郎各自形成了幾個小圈圈，這些小圈圈在移到裝潢亮麗的大店面之後便互生嫌隙。這些年輕牛郎成熟後，也不再如過往那般有幹勁。整間店就像是隨著時代載浮載沉般，經營狀況突然直轉急下。過了幾年後，就宣告倒閉，牛郎也做鳥獸散。

由於阿薰也有經營酒吧，所以店倒閉之後，仍繼續待在歌舞伎町生活，但生活方式還是很另類。某天他告訴大家說要成為搞笑藝人，也舉辦了現場表演的活動，還曾經加入日本大型藝人經紀公司「吉本興業」，現在也還是搞笑團體「電擊Network」的成員。不過這些充其量是阿薰的某些面向，我甚至覺得這些事情反而讓人更看不清阿薰這個人。

阿薰這個人既非牛郎，也非調酒師，不是經營者，也不是搞笑藝人，只是個反應極快的醉漢。我覺得他這樣子剛剛好。他有段時間養了一大盆閃閃發亮的盆栽，如果他肯繼續做，肯定能累積一筆財富，不過他好像一下又對盆栽失去興趣了。幾年前的夏天，他去了湘南，在海邊小屋的後面鋪了張草蓆，賣起了看起來很窮酸的玩具。「為什麼？」這句話不適合用來問阿薰。雖然他那時候告訴我「這會賺錢啊！」但我覺得這不是他真正的答案，他也曾給過「因為是夏天啊！」這種答案。

阿薰通常會待在歌舞伎町，所以要找他很容易。他很常從白天就開始灌烈酒，所以通常都是醉醺醺的，而且常帶著一群人，我都把這種情況稱為阿薰牧場。從那些所謂的「正常社會」來看，歌舞伎町有很多「怪人」，想必我也屬於怪人那一類。阿薰當然也是怪人，至於跟在阿薰身邊的那群人，個性也是一個比一個鮮明，完全不下於阿薰，而且這群人每次都不一樣，難不成他們有舉辦什麼淘汰賽，以便定期汰換成員嗎？

某天，我想要替阿薰介紹核心電視台（位於東京的民營地面無線電視台）的製作人與製作人的女朋友，便帶他們去阿薰經營的酒吧。店裡雖然沒有半個客人，但我開了門之後，就在店裡面等著（我常這樣做，而且是在深夜時分，通常會有人在此睡覺）。過了沒多久，阿薰與幾個同伴回到店裡。看來到了深夜時分之後，阿薰的酒吧就變成牧場，讓被牧養的人有地方可以回籠睡覺。除了人類之外，還有貓頭鷹、刺蝟、天竺鼠、蛇，每次來都會看到新的動物（據說有次蛇逃出店外，找了一週也沒找到）。酒基本上是罐裝的，採用的是在家喝酒的風格，不過我沒聽過收費方式。

這間酒吧的內部空間不大，某位阿薰牧場的女性自然又優雅地往我帶來的那位製作人身邊坐下。這位穿著褲裝套裝的黑髮女性，與歌舞伎町的深夜或阿薰牧場顯得有點格格不入。當下我心想，這位女性應該不會往製作人身上貼吧？沒想到下個瞬間，這位女性突然往製作人臉上狠狠甩了一巴掌。我整個人愣在一旁，那位女性也露出宛如鬼神的表情，製作人則沒來得及生氣，只能「蛤？」的一聲，被這突如其來的巴掌嚇得呆住不動。

我也嚇了一大跳，不過身邊的夥伴倒是沒人驚慌，也沒人阻止。接著那位女性繼續甩巴掌，搞不清楚狀況的製作人只能拚命地防禦。「該不會是我的錯吧？」「我們認識嗎？」突然被人甩巴掌的話，應該會先想到這些吧！可是一切發生得太快，完全來不及思考，我只能一邊苦笑，一邊整理思緒。

接著那位女性對同行一起喝酒的藍髮女性叫囂（我不好意思把髒話寫出來）。當我問「咦？妳們不是朋友啊？」卻只聽到一句「你這傢伙是誰啊？去死啦！」然後又甩了身邊的製作人巴掌。藍髮女性只能一直低頭不語，阿薰則是一直坐在旁邊笑。一見面就被人惡狠狠地猛甩巴掌，有誰會知道該怎麼面對這種情況啊！

不過，這說不定就是這群人的日常生活。我猜想，這群受這個牧場氣氛左右的人早已忘記一般人認知的相處方式，但製作人的女朋友卻也沒坐過來我這邊，只是躲在一直被甩巴掌的製作人身後哭泣。這也難怪，因為自己的男人正被陌生女性一直甩巴掌，而且旁邊的人絲毫沒有要阻止的意思。

我暫時找回一般人的思維之後，帶他們到了店外面，但一切已來不及挽回了。想必製作人的女朋友也無法整理自己的情緒吧！不知道問題出在哪裡很糟；一見面就甩巴掌過來的人很糟；只顧著笑，無意阻止的旁人也很糟。她只能默默地看著自己的男朋友被打，眼睜睜讓這件事情發生的我們也很糟。那麼我該怎麼做才對？讓她打回去嗎？

所謂的「怪人」到底是什麼？是指沒辦法適應一般社會的人嗎？還是沒辦法向別人看齊的人？阿薰從超有錢的時候就沒有房子，這二十年來都活得像個不受社會規範限制的波希米亞人。

「為什麼要在臉上穿那麼多臉環？」

「為什麼你沒有房子？」

「為什麼要打赤腳？」

「為什麼？為什麼？」

這二十年來，我一直這樣問他，一直想從阿薰身上得到明確的理由，但他從來沒給我一個說得通的答案。「反正你有錢，租個房子，你的東西不就有地方放了嗎？」「反正我有店面啊！」我們的問與答一直都是這種循環。

阿薰身邊總是會有一些沒見過的怪人。他們真的是怪人嗎？坦率地展現自我，敞開心門，對彼此釋放情緒真的很奇怪嗎？

要在一般社會生存很難，不矯正自己的行為就活不下去。所以矯正自己的行為就是理所當然的事情嗎？

我念小學的時候，去學校的路上常有賣怪玩具的大叔；我家附近也有會因為一點小事就立刻咆嘯的大叔；雜貨店的大嬸也是個性很乖僻的人。

我覺得我們一定從這些人身上學到了些什麼，或許是生存之道吧！

看來會這樣想的我，也是阿薰牧場的一分子。

話說回來，以前有位女客人邊哭邊把上衣往上捲到露出胸部之後，一再拜託阿薰「揉她的胸部」，結果阿薰狠狠罵了那位女客人一頓，但我們卻像是在看熱鬧般，繼續聊天喝酒。

明明我去過阿薰牧場很多次，但真要回想，還真想不起過去發生過什麼事，可能是因為那些事情都有違社會常理吧！不過我真的想不起來現場有誰，又發生了什麼事。

到底我把這些事收在大腦的哪個抽屜呢？不過活著說不定就是這麼一回事。阿薰與歌舞伎町都能包容那些釋放內心的人，至於阿薰牧場則是能讓人卸下情緒枷鎖之處。

不過，一旦事情與愛情沾上邊，情況就有些不同了。

精心策畫的愛情復仇劇

我記得這件事是在我剛自立門戶的時候發生，差不多有二十年那麼久了。一直以來，我都請高中同學的記帳士幫忙處理稅金的問題。這位同學曾有幾個月被調到國外去，雖然我可以跟他視訊，但當時想說可以趁著這個機會，請一位特別熟悉特種營業的財務專家，也問了身邊的朋友，有沒有認識這樣的人。我在歌舞伎町這邊有位特別熟悉這類工作的朋友，叫小剛，他曾經與阿薰一起自立門戶。自由奔放的阿薰是該店的招牌，至於小剛則是實際負責經營的人。阿薰能如此悠遊自在，也是拜他之賜（小剛現在是某間化妝品進口公司的社長）。

我跟小剛商量這件事之後，他跟我說，他現在雇用的會計師很優秀，是一名自行開業的財務規劃師，很了解會計方面的事情。對於還在以紙本管理帳單與業績的我來說，這真是求之不得的人才。後來才知道，這位會計師是比我們大幾歲的女性。聽說她是在他們的牛郎店點了阿薰的檯，才認識他們兩個，所以她也很熟悉牛郎店的會計系統與文化，但是收費卻很便宜。

為了讓店裡的會計更有條有理，我雇用了這位會計師。牛郎店的會計非常複雜，主要跟店裡的業績、商品的業績、牛郎的業績有關，而且牛郎的抽成也會隨著個人業績調整，另外還得管理每個客人賒了多少帳。那時候正巧是得整頓財務狀況的時候，加上這位會計師目前負責的店也比我們的店的規模還大，所以是再適合不過的人選。

在經過幾次會議之後，公司的會計越來越上軌道。這位會計師的思緒非常靈活，也一步步為店裡打造了理想的會計制度，幾個月之後，稅務署的人來店裡調查。由於我是第一次遇到稅務人員，所以有點手足無措，再加上記帳士人在國外，所以我只好與這位會計師求救；有她在，真的是安心不少。接著她跟我說「交給我處理」之後，便與稅務署的人展開周旋，連資料都是由她準備。在經過多次與稅務署的面談之後，她告訴我「只要以修正申報的方式再支付〇〇萬就沒問題了」。我以為只要在文件簽了名，同時將錢交給她，就能擺平初次的稅務調查。

幾天之後，她跟我說：「手塚先生可能得形式上去一趟稅務署接受面談。由於只是形式上的調查，所以得先跟不是負責這次調查的稅務官先談過，雖然面談的時候，稅務調查還沒完全結束，但手塚先生不用太擔心，也一句話都不用說，只需要坐在我旁邊就好。」於是我就跟她一起去了趟稅務署。雖然我覺得這樣做跟她之前說的不太一樣，但面談的時候，還是照她說的，靜靜坐在一旁。一下子，面談就結束了。當下我雖然還有些擔心，卻也覺得「原來就只是這麼一回事啊！」

幾天之後，我接到稅務署打來的電話。電話那端提到下次開會的事情。這跟我的認知完全不同，我立刻問對方：「稅務調查不是結束了嗎？我不是付錢了嗎？」沒想到對方居然說：「你在說什麼？稅務調查才正要開始啊！」

原來那位會計師根本沒跟稅務署面談過，修正申報的文件也是偽造的，連稅務署那邊的人也說，第一次見到她是在我跟她一起去稅務署的時候。「她還真是有種啊！原來我被她詐騙了。」自此，我再也聯絡不上她。

正式展開稅務調查之後，或許稅務署的人有點同情我，而且我公司的規模也不大，所以稅務調查轉眼間就結束了，快得讓人難以置信。

之後我們便到處尋找那位會計師的下落，阿薰似乎也覺得很對不起我，我也是第一次看到他那麼過意不去的表情。其實這一切是我自己的責任，我半點也沒有怪罪阿薰的意思。幾個月之後，阿薰挖出了那位會計師的藏身之處，我便一個人去見了對方，沒帶著阿薰一起去。抵達阿薰告訴我的地址之後，對方真的在那裡。對方看到我，便說先進來再說，一點不好意思的樣子都沒有。走進房間之後，我發現她的房間亂成一團。當我說「把錢還來」，對方卻一派輕鬆地說「已經花掉了」，我接著說「那跟我去警察局」，她也乖乖地跟著我走。

我們先去了附近的警察局，但警察根本沒聽懂我在講什麼，不過我本來就覺得去找警察也不會有什麼結果。但我原以為她會稍微反省，可是她好像根本不怕，也絲毫沒有反省的意思，這讓脾氣向來不錯的我也忍不下去了，於是便把她帶到家庭式餐廳，不斷地問她為什麼要騙我。過了幾小時，我跟她都累得不想再問下去之後，她便告訴我理由。

「我想折磨阿薰。」

一直以來，她都是為了見阿薰而去店裡，去著去著，便想為阿薰多做一點事，所以後來才幫阿薰的店管帳。沒想到，阿薰還是不愛她，她開始覺得做再多也沒有意義，於是開始找阿薰麻煩，想讓阿薰注意她。不過，身為牛郎教主的阿薰完全不吃這一套，一點也不以為意，於是她想到的方法就是傷害阿薰的好友，因為這是阿薰最討厭的事情，而我就剛好在這個時間點出現。

一切真如她的計算發生了。阿薰的確很受傷，也不斷地跟我道歉，甚至跟我說，他要賠償我，不過我拒絕了他，因為會發生這一切，全是因為我太過天真，我也跟他說，稅務調查的人也因為這樣而高抬貴手。

這是我的真心話，覺得就是自己上了一堂課，繳了一次昂貴的學費，但我跟阿薰的關係並未因此出現裂痕，而且阿薰已經難過到不行，我也不打算再舊事重提。

阿薰願意接受任何人，任何人也可以隨時離開阿薰，當然也隨時都可以回來。阿薰永遠都待在歌舞伎町，但不會為了特定的人存在。對每個人都很溫柔的他，意味著對誰都很無情。他這個人就是這樣。

或許那位會計師想讓阿薰對她另眼看待吧！或許她的願望也真的實現了。因為對我與阿薰來說，她已經是想忘也忘不掉的人。

當然，最終她還是沒吐半毛錢出來還給我。

不想成為跟隨流行的歌舞伎町店長

與牛郎們一起接受侍酒師證照考試

差不多十年前吧！我發現有很多牛郎連高中入學考試都沒考過，所以我強迫他們去考侍酒師證照，讓他們體驗一下坐在教室上課與考試是怎麼一回事。

我表面上跟他們說，考侍酒師證照是為了提升服務品質以及接觸更不一樣的客人，但實情只是希望他們能多讀點書。雖然他們不滿地說：「就是不想讀書才當牛郎的！」但我覺得從長遠的角度來看，有這樣的經驗絕對是好事，所以每週都把他們找來參加讀書會。

要要求別人，當然自己也要做到，於是我也開始研究完全不感興趣的紅酒。開始研究之後才發現，紅酒有很多學問是得實際品嘗過才能學會。

明明我們每天都沉浸在酒海之中，卻完全不懂酒，更遑論懂什麼紅酒。歌舞伎町的人是很少喝什麼紅酒的，但如果是專門用來拉高業績的頂級紅酒「羅曼尼康帝」，我的確是喝過。當然！我是不懂羅曼尼康帝有多厲害，也只是隨便找個杯子，一口氣喝進肚子而已。明明每天都把「香檳王」Dom Pérignon，或是香檳界的勞斯萊斯「庫克香檳」當成水喝，卻連香檳也是葡萄酒的一種都不知道。說是要旗下的牛郎得多學一點，但我自己其實也學到不少。

我開始尋找在歌舞伎町真能喝得到紅酒的店，後來在網路上找到在歌舞伎町罕見的紅酒吧時，便開心地跟夥伴去探個究竟。

那間店位於每層只有一間店家的細長型綜合大樓裡。走進電梯之後，看到店面佈告欄寫了很多店的店名，但這些店名都很奇怪，直教人懷疑「上面寫的，真的是店名嗎？」有些樓層的店甚至連名字都沒有，只有18禁的符號而已。狹窄的電梯抵達要去的樓層之後，我們便走出電梯。穿過一條像是在繞圈圈的小通道之後，就看到座位了，不過那裡一個客人也沒有。有個滿臉橫肉的光頭從裡面的廚房走了出來，指了指座位區，我想他應該是老闆吧？但我們入座之後，他也沒拿來菜單。

「不好意思，可以給我菜單嗎？」說完這句話之後，對方臉很臭地指了指寫了幾種蔬菜名稱的黑板，然後接著說：「點餐的時候，要說想怎麼煮黑板上的那些食材，以及要搭什麼紅酒。」

喂喂喂……這是什麼點餐方式啊！連有什麼料理都不知道。我怎麼會知道要怎麼點紅酒啊！這樣是叫人怎麼點菜呀？當下沒辦法回答老闆給的難題覺得很丟臉，很難為情，但一方面又有點生氣地覺得「喂！我是客人耶？」最後只好裝得很客氣地說：「我是為了學習紅酒來的，我對紅酒一竅不通，能不能請您稍微說明一下呢？」

還記得小學高年級的時候，我跟其他兩個同學曾被一位女老師叫到沒有半個人的教室，然後被狠狠訓了一頓，只是我完全不記得是為了什麼被罵。當時的我一邊低著頭哭，一邊反省「自己怎麼會犯這種錯」（只是我根本不記得做了什麼事）。過了一會兒，我旁邊的田村突然「噗噗噗」地笑了出來，這讓我整個人都嚇傻了。當時老師竟然沒有嚇一跳，而是氣得怒不可遏，除了把手中的筆丟了過來，還半帶哭聲地對我們三個人大罵。田村雖然短暫地露出「糟了」的表情，但一下子又變成拚命忍笑的表情，見到他這舉動的老師更是氣得大罵。

此時的我像個旁觀者，也覺得這樣的田村好酷。完全不敢反抗老師的我只敢裝成乖寶寶，但田村居然能讓自己抽離，俯瞰著這有點異常的場景。這時候，老師已經氣到非比尋常。班上再也沒有比田村更會頂嘴的壞小孩，田村很愛頂嘴，所以老師平常都會罵得很有技巧，不讓田村有機會頂嘴，沒想到這次她會口不擇言地大罵。是因為我們太讓她生氣嗎？還是她氣自己這麼沒用，氣到失去身分呢？我也不知道，總之她很生氣就是了。

田村應該有發現老師跟平常不一樣才會笑出來吧！事後我問田村為什麼會笑出來，他回答：「不知道怎麼搞的，就覺得很有趣啊！」我好羨慕這麼自在的田村，這件事也成為我人生的重要一課，也就是遇到非比尋常的情況時，該做的是享受當下，而不是手足無措。

多虧有田村這位同學，我才能不斷地要求自己要客觀看待異常事態，也在長大成人之後，才具備這樣的能力。我記得某次在酒店跟一些不良分子起口角，吵到雙方人馬互砸圓凳，朋友還因為被圓凳砸到耳朵，耳環耳洞不斷流血，但我居然覺得這種時刻很緊張有趣，還樂得替這位耳朵流血的朋友拍照。

這位紅酒吧老闆莫名高傲的態度，以及不想做生意的點菜方式，也讓我覺得就先樂在其中，享受這種異常的狀態吧！

結果放低身段是正確的，老闆變得超客氣，近乎囉嗦地為我們講解了紅酒的事情，像是一場獨角戲般，他從紅酒的解說到與料理的搭配，鉅細遺靡地聊了好久。「咦？原來是這樣啊？」我們一邊哄著老闆，一邊喝到早上。這段時間也沒有半個客人來。這就是我與這家店邂逅的經過。

之後，我像是每天叨擾般，去這間店喝酒，但我們都選在深夜去，所以幾乎看不到其他客人，整間店像是被我們包下來一樣，老闆也教了我們很多紅酒的知識，多虧如此，我才能第一年就考到侍酒師的證照。

讓客人看著黑板選食材與烹調方式的點餐系統，也在不知不覺之中消失了。想必是客人諸多抱怨吧！我不知道老闆到底想不想繼續把店開下去，但好像偶爾會進行這種像猜謎一般的挑戰。總之，這間店很閒，幾乎不會遇到客滿進不去的情況。深夜去的話，老闆不是在看動畫就是在睡覺。這十年來，老闆生了兩個小孩，但店裡還是一樣閒。

這間店去了幾年之後，我變得對紅酒有一定的了解，也建立了一套屬於個人的口味系譜。某天我跟老闆說：「〇〇超好喝的啦！」還講了款價錢超貴的紅酒，結果老闆有點遺憾地低聲說：「啊！你喝往另一個方向了……」肯花大錢的話，當然會更好喝啊！不過在這裡喝的是相對有意思的紅酒。

我原以為老闆的店是隨便開開的，但來了五年我才總算發現，這間店有這間店的信念，老闆也有自己對紅酒吧的美學，當下我才明白這間的「賣點」何在。

原來老闆提供的紅酒得要連續來五年以上才能喝得懂，怪不得他這間店不紅，老闆也沒有打算讓這間店紅起來，只要能賺得到生活費就足夠了。

漸漸地，我便比較少來這間店了，主要是因為我已經能自行挑選紅酒，所以常去不同的紅酒吧嘗鮮。

偶爾回來這間店的時候，我都會跟老闆說，我想試試不同的紅酒，老闆也會鍥而不捨地介紹，但完全迷上紅酒的我，變得不管去哪裡都只喝紅酒，而這間店也沒有我想喝的。看來我這隻雛鳥已經離巢了。

原來老闆傳授的是讓我離巢自立的能力啊！

最近老闆偶爾會打電話來跟我說：「這個月的業績有點危險……」

雖然我沒辦法像以前那麼常去，但只要老闆打電話來，三五天之內一定會去報到，也會消費一定的金額。一來我覺得，歌舞伎町不能沒有這種店，二來也是報答老闆的指導之恩，是這間店讓我了解紅酒。偶爾上門光顧，店裡還是一樣清閒，老闆與我還是像師父與徒弟一樣聊天。我不希望失去這間，對我有特別意義的店。

所以每次去，我都會消費比過去更高的金額，我覺得這是四十歲之後的我才能扮演的角色。

每當我在社群網站看到某間店倒閉的貼文底下出現「那間店居然倒了……好可惜啊！」的留言，我都會想起這間紅酒吧。我不希望某天我也留下這種留言，所以打算盡力守護自己喜歡的店，以免這樣的店倒閉。在我心目中，這間紅酒吧就是這麼重要的地方。

清閒的店通常個性很乖僻、很難懂、很難紅，但隨時都可以進得去，也能很自在地待著。

歌舞伎町有很多這種很難懂，但很舒服的店，這些店都用心守護著屬於自己的一片天空。

越是舒適，越是瀕臨倒閉的店，特色越是強烈，而不懂做生意，不懂得用人的老闆只能一個人苦撐下去，所以我們會來這種「休憩之處」叨擾。

這種店通常沒有什麼特別的酒，料理也不特別，只是讓人坐下來休息的地方，但這種店走的路線往往與眾不同，總之就是不太「普通」。

這種店也很難以筆墨形容。在這種以口碑為主的時代裡，歌舞伎町有很多這種裝潢上不了社群網站，商品又沒那麼容易理解的店。不管是店的概念還是意象，區區幾百個字就能言喻的店家，大多與歌舞伎町格格不入。

對客人來說，舒適且時髦，去了又能自抬身價的店家真的很少。

俱樂部也很難理解

歌舞伎町也有「俱樂部」，也就是由女性接待客人的社交飲食店（有女服侍的特種營業）。這種店也很難理解，很有可能是最難理解的店，我很難說明這種店的魅力。不對！是我無法說明。我不可能去過所有的俱樂部，而且每間店的特色都不一樣，很難一以蔽之，但就算知道這個前提，也很難三言兩語說得清楚。

不過，相較於泡沫經濟時期，這種店少了很多，倖存的店則滿滿的都是人。這幾年我也去過好幾間，或許連續去個十年，就有機會說清楚這種店的魅力何在，但現在的我還做不到這件事，所以我也沒辦法直接了當地說：「這種店好有趣。」

因為我還不太了解這種店。不過，也就是這樣才有趣，不太了解才是有趣的地方，要樂在其中不容易，所以才會這麼有趣。

基本上，這種店的玩法跟酒店差不多，俱樂部不是計時制的，每小時計費的是酒店，但結帳的時候，兩邊的金額其實差不多，行情大概就是每一～二小時，每個人收費三～四萬日圓左右。就我經驗所及，這種店的客群與酒店完全不同，酒店的客人通常是年輕人，但俱樂部的客人則以頭髮花白的男性居多，所以單身前去的客人也很多；酒店則以團體客居多。

歌舞伎町最流行的俱樂部被稱為「歌舞伎町的埼京線」（在通勤時段總是擠滿乘客的路線），擠得跟沙丁魚罐頭一樣。區區二十五坪的店面裡，客人就像是人滿為患的電車般，全擠在沙發上坐著，完全沒有悠閒或高級的氣氛。在這裡工作的都是五十幾歲的媽媽桑和幾名四十幾歲的助理媽媽桑、資深員工，或是來打工的二十幾歲年輕女孩；店裡幾乎都是媽媽桑的客人。由於店裡真的很忙，所以沒機會跟媽媽桑們談心。如果是四個男人一起去的話，通常會有一位年輕女性陪酒，媽媽桑則會輪流去各桌打個招呼。「聊天的內容很高尚嗎？」要我說的話，這也是看客人決定。

我幾乎每週都會收到三位媽媽桑傳來的訊息，內容不乏季節交迭之際的問候，或是有機會要來店裡坐坐；有的則是跟我說，店裡有個她很疼的員工，要我找個時間跟這位員工見面，甚至會跟我說她們店裡辦了什麼活動，總之內容非常多元。

每次換季，辦公室都會收到問候的卡片，年底或中元節的時候也會收到。這讓我覺得很自豪，這些媽媽桑都在歌舞伎町開店開了幾十年，我有種一直被這些媽媽桑「牽掛著」的感覺，是一種被認同是客人的心情。我自己也莫名地規定自己，要定期去這些媽媽桑的店露個臉，說不定……我就是喜歡能像這樣定期去她們店裡坐坐的自己，因為這樣子才顯得自己很成熟。我沒聽過成為新宿俱樂部的常客很了不起的傳聞，所以雖然聽起來很像是在否定前述的自己，但我說不定就是很中意能了解箇中滋味的自己。

一想到自己有朝一日也能像坐在身邊的銀髮族客人這樣，每天過得開開心心的，我就覺得未來很值得期待。

如果是一去就知道魅力所在的店，就沒必要一去。說得偏激一點，就是不用去也知道那種店要玩什麼。不過歌舞伎町有很多再怎麼去，也沒辦法以言語描述魅力的店家。

明明連有什麼好玩的都不知道，但錢包裡的錢卻一直流出去。當然，歌舞伎町也有像機器人餐廳那種簡單有趣的店。

不過我個人覺得，這種讓人沒辦法一眼看透的店才有歌舞伎町的特色。

讓有點怪的人有地方去的店，將這種店當成棲息之處的客人，說不定這些人去哪裡都沒問題。表面上，日本的每個地方都有類似的店，但每間店都只屬於那個地方。

把夥伴叫回歌舞伎町的罪惡感

與小南的初次見面與重逢

某天，一個棲身之處不見了，那是小南這位老夥伴開的小酒館。小南是我還是現役牛郎的時候，來店裡當廚師的夥伴。

小南是我第一個認識的「男大姐」，當時的我完全無法了解小南這種人，因為我一直覺得男人喜歡女人是天經地義的事情，不喜歡女人的男人都是想成為女人的人。小南雖然留了一頭長髮，但外貌看起來卻是大叔，長得很像日本職業摔角手大仁田厚的搭擋冬木弘道，說話的方式跟電視上的「男大姐」幾乎一樣。我們這些二十歲剛從鄉下來到東京的小屁孩，若是挑釁小南，小南就會用電視上的男大姐的口氣說：「就說你們喜歡我了吧……」遠比我們這些小屁孩成熟得多的話。

我們沒多久就跟小南打成一片。性慾、性別，我們完全不懂「男大姐」這個詞的背後意義，但他總是待在廚房，聽我們這群小屁孩的抱怨，也會跟我們一起出去玩。

當時的廚房還有另一位大叔。這位大叔原本是黑道，某次年輕牛郎拿著菜刀砍向資深牛郎時，他用空手抓住菜刀，阻止事件發生。他還對自己入珠這件事很自豪，我們就是在這些有趣的人身邊當牛郎。

我與小南曾一起工作了幾年，之後我與幾位夥伴自立門戶，其他的夥伴也各奔東西，小南則在六本木的晚餐俱樂部（由牛郎服務的俱樂部）擔任服務生。

再過幾年後，我在歌舞伎町看到小南一個人呆呆站在路上，但我不知道該不該跟他打招呼，因為他的表情實在很沉重。他變得很瘦，而且一副很冷的模樣站在路旁。當我跟他打了聲招呼後，或許是因為很難為情，所以他的手不斷地發抖。他勉強擠出一絲笑容後，回應了我。我問他「現在在哪裡工作呢？」但他卻答非所問，含糊其詞。過了一會兒我便問他「來我店裡工作吧！」因為天氣實在很冷。

小南就這樣來我店裡工作了，不過做的不是廚房的工作。那時候我剛好有個朋友收掉了一間小酒吧，所以我就讓小南去接手這間店。我感覺到小南慢慢地找回活力，而且小南也很疼愛集團旗下的年輕牛郎，就像當年遇見小南的我一樣。我覺得，小南也找到自己的棲身之處。不過，這間酒吧的生意不是太好，小南跟我的關係也變得很緊張。我們並沒有討厭彼此，但親兄弟明算帳，生意很難講什麼人情。這間酒吧大概開了五年左右，最後還是不得不收起來。

之後，我從別人口中輾轉聽到小南的消息。原來小南在那之後，在歌舞伎町開了間小酒館；這件事也是從別人口中聽到的。我很難公開支持從我身邊自立門戶的人，所以等小南的店開了好一段時間之後，才敢藉著酒膽，偷偷走進店裡喝酒。那是一間很小的店，但小南不需接受任何人的指揮，簡直就是在自己家裡做生意一樣。那間店的房租很便宜，也沒有雇用任何員工，小南好像也能賺到生活所需的費用，所以我算是放心了。我是沒辦法很常去他的店裡喝酒，但每次去，都是聊相同的往事。

某天，小南通知我，他要把店收起來了。我去他店裡，問他為什麼要關門，他告訴我，他已經五十四歲了，身體開始不聽使喚。我記得我們認識的時候，我才二十歲，小南是三十二歲，原來從那之後，我們已經認識二十年了。

說不定，是我把小南的人生搞得一團糟，因為把小南叫回歌舞伎町的也是我。如果我們沒在那條路上重逢，或許小南現在還在某間店裡，舒舒服服地當著員工，過著自己的生活。如果沒有讓他管那間店，或許他就不會想要自己開店。經過一段時間休息後的小南笑著跟我說：「最近還真是清閒啊！」雖然他身上沒有半點悲情或後悔的感覺，但看起來還是很寂寞。

那天，我跟他兩個人喝到早上。我想把店裡有的香檳全部喝掉，「這麼做有意義嗎？」我不知道，但我就是忍不住想這麼做。喝得爛醉的我邊哭，邊跟小南說對不起。我太自以為是了，說到底，我什麼忙也沒幫得上，而且再怎麼說，小南也是個成熟的大人，自以為該對他負起責任的我，想必傷了他的自尊。我以為自己是誰啊！不過小南卻對我說，他很感謝我為他這麼著想，還陪我一起哭。我覺得這不是他的真心話，說不定他後悔得不得了，但還是說了安慰我的話。

我們又哭又鬧，這才是在莫名營業到早上的小酒館喝得爛醉的正確方法。我不知道小南是什麼時候去了廁所，但他遲遲沒有回來，所以我去廁所看看他的狀況，沒想到小南蹲在店外面。外面正下著雪，這是那年的第一場雪。我不發一語地悄悄回到店裡，我不能害拚命陪我哭鬧的小南在我面前示弱。小南出聲鼓勵了自己之後，便回到店裡。

幾天後，關門的日子到來。在這最後一天，我本來覺得該去捧場的是常客，而不是我這種獨善其身的客人，不過那天剛好是牛郎店辦活動的日子，我也乘著幾分酒意，用LINE傳訊息給小南，問問他那邊的狀況。他說座位還空著，所以我與同樣認識小南二十年的同伴一起去了他的店。隨著時間接近早上，店裡的客人就只剩下我們，所以我叫來更多同伴。

營業時間已經過了。我們一走，這間店就真的結束了。這天與上次不同，我跟一群開朗的同伴邊喝邊鬧，還一直問小南「是要怎樣才能把店關掉啊？」我說最後唱首好聽的歌就回家吧！但怎麼挑，都挑不到適合結尾的歌，時間就這樣拖到早上九點。因為沒有人有過這樣的經驗啊！沒有人知道哪首歌最適合結尾啊！也可能是沒有人想要結束吧……再這樣下去會沒完沒了，所以到了十點半左右，我決定唱一首小南最喜歡的歌，結束這一切。小南選的歌是ALICE（アリス）樂團的《冠軍》（チャンピオン），這首歌非但一點也不落寞，還很適合炒熱氣氛。

不過這首歌的歌詞是這樣的。

甩開被抓緊的手後(つかみかけた熱い腕を)

你出發了(ふりほどいて君は出てゆく)

小南唱到一半，我就回家了。

我說過，我不要在歌曲結束的時候喝什麼離別酒。為了有一天還能笑著重逢，我不要一切在這裡結束。

我們一群人邊笑邊走出店之後，還笑著說：「這世上哪有人這樣說再見的啦！」在把門關上的同時，我們聽見門內的小南大聲唱著《冠軍》最後的歌詞，「啦啦啦啦……」

隔天，我聯絡房仲，把這間店租了下來。

與新宿黃金街怪咖相處的方式

黃金街的歷史

一如前面提過「歌舞伎町沒有簡單美味的餐廳」，歌舞伎町有的是「黃金街」這個特殊地區。

黃金街的起源，可回溯到第二次世界大戰結束之後，當時的黃金街主要是由被迫離開車站周邊黑市的人們，以及來自二丁目的紅線（合法紅燈區）與藍線（非法紅燈區）的人們。來自黑市的人們最初是做一些餐飲方面的生意，但沒辦法離車站太遠，所以很多人將業務的型態轉換成藍線，黃金街就是源自藍線地帶（到了一九六五年之後，藍線地帶才被稱為黃金街）。

一九五八年賣春防止法實施後，這些人慢慢地往現在的酒館街搬遷。雖然戰後的黑市是非法地帶，但也可說是無拘無束的地方，所以才會有各形各色的人聚集。或許黃金街也繼承了這塊非法地帶的特色，所以吸引了許多想要跳脫框架的藝術家或文化人士，更成為一塊最適合思想與慾望互相碰撞的場所。《六〇年代的新宿 Another Story》（60 年代新宿アナザー・ストーリー）也詳盡介紹了六〇年代、七〇年代的新宿有多麼混亂的事。老實說，我很羨慕那樣的時代，對那樣的新宿懷抱著憧憬的人，至今仍努力維持黃金街的混亂。

我是在九〇年代來到歌舞伎町的，當時的黃金街已世代交替，而且帶有黑道色彩，幫忙處理土地、建築物所有權或借地權的代理實施者也介入，泡沫經濟正步步瓦解，黃金街已失去往日繁華，不再像往日那般熱鬧。不過，從二〇〇〇年之後，慢慢地有一些年輕世代從外部移入，黃金街也慢慢地找回活力。

全是大人物的旅行

二〇〇五年，有人跑來跟我討論新宿黃金街閒置店面一事。黃金街的店面通常是由該店的常客或員工續租，很少會流到外人手中，但這裡的房東希望黃金街能引入一些新氣象，所以跑來跟我討論閒置店面的事。

當時黃金街的熱潮還沒爆發，閒置的店面還算有一定的數量（現在則是再怎麼等，也等不到閒置的店面）。那時的我雖然不懂黃金街的規矩與秩序，卻被優渥的條件吸引而在黃金街開了間酒吧。

那時我正忙著經營剛開幕的牛郎店，所以黃金街的酒吧就交給曾在牛郎店擔任調酒師，個性又相對穩重的店長全權負責，我也偶爾會去這間酒吧露個臉，但也幾乎不會去黃金街其他的店喝酒。老實說，二十幾歲的我壓根不懂黃金街的魅力。

個性穩重的店長也不曾特地向我報告黃金街有哪些特殊的風俗或規矩，只是很自然地與黃金街的居民和平相處。

酒吧開幕一段時間後，我聽說黃金街的公會要舉辦旅行。由於我從以前就很喜歡去外縣市走走，逛一些感興趣的美術館，所以便帶著輕鬆的心情跟著出發。

到了早上，我一坐進小型巴士之後立刻發現，這次的旅行一點都不輕鬆。每位乘客都剛下班，一臉喝得醉醺醺的樣子，很多人也粗魯地問我：「你哪位？你這傢伙是誰啊？」之後在這小型巴士之中又辦起了大型宴會，保特瓶裝的燒酎傳到我手上之後，我便倒進塑膠杯，跟大家一起喝酒。當時的我盡量保持低調，以免自己被纏上。就算到了中途的休息站，我也只敢悄悄地跟著這些喝醉的人後面，儘量不要被他們的視線掃到。最後，總算平安無事地與大家一起參加晚上的宴會，而且前輩們都還活力十足。

晚上這場宴會從開始到結束，都沒有所謂的長幼上下之分。我找到一位看起來還沒喝醉，長相也比較斯文的大哥之後，就黏在他身邊不走，沒想到仔細一看，發現這位大哥脖子以下的部位全都刺滿了刺青，而且連臉上都有刺青，但在這個大亂鬥的軍團之中，這些刺青似乎不是什麼值得在意的事。這位大哥很客氣，也沒有擺什麼前輩的架子，只是溫溫地跟我說話。

「那個裸著身體大鬧的人是誰啊？那個沒穿衣服唱歌的人又是誰？那個裸身生氣的人是誰呢？那個脫光光躺在那裡睡的是誰呢？」

「都是大人物喲！」我跟這位大哥問了問這些舉止異常的人都是誰之後，這位大哥只簡短地說。

後來我才知道這個回答非常簡單，卻切中要點。那些近似暴走的人全都是黃金街的大人物，如果從屬性或職稱來看，說是大人物都還不夠貼切。形容成「長年待在黃金街的人」或許比較容易想像，但他們不僅待得夠久，還是在黃金街主導氣氛的人，是人與人的樞紐，也極受後輩愛戴，拿掉頭銜也舉足輕重的人，是真真正正的大人物。

黃金街有兩個公會，這次旅行則是由其中一個公會舉辦，理事與理事長這些高層也有參加。在這些大人物之中，有的是公會的幹部，有的不是，所以組織的高層不見得就是黃金街的大人物。

我當下覺得「好多大人物啊！」但事後想想，就是因為有這麼多大人物，才能讓兩百五十間各具特色的店家來到黃金街，也才能把黃金街打理成觀光地區，同時還能讓黃金街保有類似自治區的獨特文化。參加這場宴會的後輩在這些大人物的鼓吹之下越喝越醉，也越來越不講禮數，這還真是一場驚人的飲酒大會。

我有點慌張地從這場永不散場的宴會逃往附近的小酒館。

我自認酒量不錯，也是公認的酒豪，但在黃金街這些前輩面前，我的酒量像個小學生一樣，這不禁讓我懷疑自己喝的酒不是酒。

真是一群怪咖。這群怪咖親身示範例自己為何是怪咖的理由，而且這些怪咖還挺身培育接棒的怪咖。

自這次之後，我再也沒有參加這種每年舉辦的公會旅行。黃金街的尾牙或其他活動我也都不再參加，因為我沒辦法用不上不下的態度面對這群怪咖。

雖然只是自稱，但再怎麼說，我也是牛郎界的風雲人物之一，這二十幾年來，也拚命思考牛郎店、牛郎界該何去何從，所以才能對自己的生存之道如此自豪。有時我也會對年輕人說一些很老派，讓人聽不太下去的話，當然也會被年輕人覺得很礙眼吧！不過就是有這樣的前輩從旁協助，才會有突破性的創新出現，我也覺得整個業界繼承了這種不斷進化的文化。

這就是「守破離」的精神。

黃金街也有這些大人物挺身繼承黃金街的傳統，後輩也挺身而出，接下這些前輩手中的棒子。如果沒有守破離的精神，是無法與這些怪咖正面碰撞的。我沒在黃金街站過櫃台，也不曾在黃金街工作過，所以沒有繼承傳統的權力，只能在一旁守護而已。

在黃金街一攤續過一攤

在黃金街要怎麼玩？怎麼喝？這類問題總是讓我無從答起。

要想知道這類問題的答案，就得先了解黃金街的文化，了解那些怪咖級大人物是如何卸下內心的武裝，與別人互相碰撞，之後才能知道黃金街的遊戲規則。

老舊的外觀、狹小的店內空間、狹窄的小路，要像個外國觀光客體驗一下氣氛其實很簡單；隨便晃進一間店喝杯酒，享受一下店內的氣氛也很容易。

不過，我覺得像那些怪咖放開心胸，直球對決的喝法才是真正的喝法（我應該跟不上那種喝法，可以的話，也盡可能別喝成那樣）。

那麼該怎麼做才能了解黃金街的文化呢？答案就是不斷地來黃金街玩，慢慢地擴張自己的守備範圍。答案就是這麼的普通。

不過，倒是有個方法可以加速與快轉這個體驗。那就是先隨便走進一間店，接著去別人介紹的店，再繼續去別人介紹的店，一攤接著一攤喝下去。喝到意識朦朧，不省人事的時候，黃金街的怪咖就會突然在櫃台的另一邊或是旁邊的座位現身。意識朦朧的你不會知道自己在跟誰說話，也不知道說了什麼，慢慢地會自動卸下掛在身上的所有頭銜或身分，一會哭，一會嘔吐，到最後怎麼回家的都不知道，只能像灘爛泥睡到隔天。我覺得，這就是在黃金街喝酒的王道。

我一直認為那些怪咖之所以脫光衣服，是為了象徵自己的內心毫無防備，表明自己放下了家世、經歷過的人生、年齡和頭銜。

「你這傢伙是誰啊？」（お前は誰だ？）

走在黃金街很容易被問「你這傢伙是誰啊？」這是讓人思考「我是誰？」的

地方。在這裡，頭銜不是你的依靠，職稱也不管用，你的堅持會被否定，你的自卑會被人嗤之以鼻。有時，你會被人堵得無話可說，卻越來越明白什麼才是重要的事。有時會因為這樣而暴怒，有時則是因為對方的說話方式讓人暴怒。一切與前提無關，現場發生什麼事，就現場直接討論。

這裡除了渾身充滿攻擊性的怪咖之外，也有看似溫馴的怪咖。這樣的人都有鮮明的自我主張，而且比那些喝醉了來找碴的人更加可怕。我不知道到底要過幾年才能得到這些怪咖的認同。

我想，黃金街的居民就是在與這些怪咖碰撞、交會之下，慢慢地成長，慢慢地繼承這裡的文化。

從我的角度來看，那些繼承黃金街的文化，而且與我同世代的人，每個都很有自己的想法與個性，都是非常有魅力的人。想必他們會慢慢地成長為下一代的怪咖吧！我想從現在開始就跟他們打好關係。

與崇拜的資深牛郎，一起在黃金街長大的故事

上大學也無法比擬的刺激

我的公司目前在黃金街開了三間店。我之所以能與黃金街建立緊密的關係，再從這層關係像這樣一副自以為是的模樣敘述黃金街，全拜我有一群長年與這些怪咖交手、應對的夥伴幫忙。

最初我是從「啊！是那個牛郎開的店對吧？」起步，為了成為黃金街的一員，我的夥伴非常積極地與在地居民交流，還成為黃金街的居民。到了現在，也有夥

伴以年輕領導人的身分成為公會的理事。為我們奠定這一切基礎，站在前面打頭陣的就是奈苗。

我是在十九歲的時候與奈苗在歌舞伎町認識的。

當時的我，在沒有任何準備的情況下踏入了牛郎的世界。九〇年代的歌舞伎町比早期的歌舞伎町充滿了暴力，純粹是地下文化充斥的世界。當時的我從未體驗過這樣的日子，所以每天都過得戰戰兢兢，卻也愛上這份緊張感。但也說不定是因為已放棄橄欖球一年的我，內心正渴望著這種走在鋼索上生活的緊張感，不過，這也是現在的我才有辦法回想的事情。當年我乳臭未乾，只相當崇拜很酷的前輩，那個時候，這也是最重要的事情。

我的前輩都很酷，而且跟前輩在一起的女性也很酷。即使是二十幾歲的前輩，也幾乎都已經在社會打滾快十年。那時的我只在鄉下過著不溫不火的學生生活，所以在我眼中，這些前輩真的超級融入都會區，也超級成熟，而且店裡的前輩每個外表都很帥！我是同時間進入大學與牛郎業界，也去了不少活動社團與聚會，但大學社團的前輩與牛郎界的前輩真的沒辦法相提並論。

在眾多前輩之中，最酷的就屬大西哥。他原本是澀谷的反社會分子，而且還擁有不輸藝人的臉蛋，但個性卻超級豪爽、自由與不受拘束，不管男女都一定會愛上他，而且他還特別疼愛我。他常常在營業結束後，乘著幾分酒意帶我去不同的地方，例如搭計程車去新潟或是八丈島，不然就是賭馬大贏後，帶著我去酒店花光所有彩金。

記得某次我在中野喝醉的時候，跟三個人爆發衝突，我的眼鏡也被踩得稀巴爛。正當我痛得說不出話的時候，沒想到下一秒這三個人全在大西哥的面前俯首正坐。

與這位令人崇拜的前輩同居的人，就是奈苗。有段時間我在他們的家白吃白住。嚴格來說，我其實在附近租了一間房子，但幾乎都待在他們兩個人的家。

我之所以繼續當牛郎，全因為對這兩個人的崇拜，說是我實在太喜歡跟他們兩個人相處也不為過。那兩人走在一起的模樣，就像是模特兒在走台步。不過我也不討厭像個跟屁蟲的自己，感謝他們總是把我當成親弟弟般照顧，當成自己的家人，所以我才會一直跟他們撒嬌。

但是，這樣的生活並不長久。常言道，在特種行業的世界待一年，等於在一般的世界待十年，狀況與立場都會轉瞬即變。當我在牛郎這條路上拚命奔跑，在店裡的地位也越來越高，最後也成為能獨當一面的牛郎，照顧自己的後輩，自然而然就離開了大西哥的家。不過，每次跟大西哥與奈苗見面，我們的關係還是跟以前一樣。我真的好喜歡那段時光，而且奈苗也在那時候生了小宮。

我與大西哥在店裡幾乎沒有任何往來。一來我有自己的立場，二來我也不能在眾人面前跟大西哥撒嬌，但也不能不顧輩分，這分寸我很難拿捏。

隨著我的業績越來越高，那份對大西哥的憧憬卻在不知不覺變成了互相競爭的溫床，身陷這股漩渦的我們在無力抵抗之餘，我還成為助長這股漩渦的原凶。

我雖然拚命地往上爬，但不管我的業績提升多少，還是沒有後輩願意跟隨我，大家都只崇拜大西哥。為此，我更拚命提升業績。不管是生存方式還是長相，我都沒辦法像大西哥那般瀟灑，也只有成果可以拿出來說嘴。不知不覺，大西哥的存在讓更多人知道我的格局有多小，自己原本的那份憧憬，也變成悔恨與忌妒的源頭。於是我只能像是沒有回頭路一般，讓自己埋沒於牛郎這份工作裡。

對牛郎來說，連續十二個月拿下第一名的寶座是一大榮耀，因為這代表店裡的所有牛郎無法在他們生日的月份贏過你，某種意義算是完封勝。

我在二十三歲的時候，有機會締造這項記錄，而且最後的第十二個月就是大西哥的生日。自一年前輸給大西哥之後，我已經連續十一個月拿下第一名的寶座，當時的我不會與大西哥私下見面，在店裡也幾乎不會交談，只是一心想要保住自己的地位，而且創造業績的本事也早已在大西哥之上。

如果我能在這個月拿下第一名的寶座，這代表大西哥已不再是第一線的牛郎，也意味著被我完全壓制。

我把大西哥叫到廁所，這是睽違已久的談話。「幹嘛啦！有事嗎？」大西哥還是像以前一樣，酷酷地笑著問我。果然只有我們兩個的時候，感情還是像以前一樣沒變，這讓我開心地哭了出來。「大西哥，我這個月可以贏嗎？」我好不容易用抽泣的聲音擠出這句話。「當然啊！你在說什麼啊！」大西哥笑著回答了我。大西哥果然很瀟脫啊！

在那之後，大西哥便從現役牛郎的位子退下來，成為店裡經營團隊的一員。

在黃金街出生與長大

幾年後，在我自立門戶了一陣子，與奈苗重逢之際，我才知道她與大西哥離婚了，小宮由她撫養，而大西哥也辭掉牛郎店的工作，搬到其他縣市。距離那段與她們兩個在一起的時光已經快要十年了。

奈苗看起來沒什麼活力，這或許是青春時代過得太精彩，把自己燃燒殆盡的症候群，又或者是覺得一般人的社會太無聊。總之，眼前的奈苗已不是過去我所熟識的她。

那時我才剛知道黃金街是個充滿魅力的地方，在那裡的每個人都願意坦誠相見，所以我便跟奈苗說，有個很適合妳的棲身之處喲！一來我覺得黃金街有很多魅力不下於大西哥的人，而且這股魅力必須與他人深入交流才能體會。二來這對只懂得與別人交心的奈苗來說，黃金街真的是再理想不過的地方。從那時開始，奈苗也整個人沉浸在黃金街之中。

藉著這次重逢，我也再次見到小宮了。我記得她出生沒多久就長得很大。若是黃金街舉辦一些慶祝活動，她會待在兒童充氣泳池裡面玩耍，有時也會跟著大家旅行，算是在黃金街的夥伴照顧之下長大的。念小學高年級的時候，也跟大家一起去河邊玩。由於小宮發育得早，胸部很快就隆起，所以我們這群臭男生便被奈苗告誡「絕對不能提到胸部的話題」，提醒我們小學女生對這類話題有多麼敏感。不過，少根筋的我居然在看到小宮鼻子下面的細毛時，跟小宮說：「妳長鬍子了耶！」雖然這跟胸部沒什麼關係，但有可能是因為這件事，氣得小宮有五年多沒跟我說半句話。

小宮雖然不跟我說話，但偶爾看到跟黃金街的夥伴一起生活，慢慢長大的她，我的嘴角還是會不禁泛起微笑，只是這樣有點寂寞就是了。

印象中，小宮是在差不多十七歲的時候才肯開口跟我說話吧！不過老愛說教的我，似乎是被她當成麻煩的臭大叔看待。她身邊有很多情同雙親的人，所以要在這麼多人的眼皮底下交男朋友，應該是難上加難。不過小宮像她的媽媽奈苗一樣長得亭亭玉立，所以曾被演藝經紀公司相中，做了類似模特兒的工作，但她覺得不太適合自己就立刻辭職了。

不知道是不是黃金街的大家太過呵護小宮了，還是日子過得太過散漫，看不下去的奈苗便讓小宮在高中畢業之後，在我的公司開新餐廳之際，讓她來我這邊上班。

過了兩年後，小宮也二十歲了。在小宮成人式的當天，奈苗在社群網站寫了句「致一路辛苦過來的自己」；我也覺得奈苗真的很辛苦，也經歷了不少事情。黃金街的大家和公司的夥伴，也都為了奈苗開心。

一個月後，奈苗用 LINE 傳來訊息。

「小宮懷孕了……」

「果然有其母必有其女……對方已經跑掉了。歌舞伎町的大家會幫忙養……還是要叫我爸爸呢？」

看來，奈苗沒有片刻喘息的時間。

黃金街的大家也覺得多一個家人是件喜事，大家都開心得不得了。

想了解什麼是花花世界，來歌舞伎町就對了

為什麼歌舞伎町有很多外國人？

歌舞伎町有很多外國人，多到大家都習以為常。我是在埼玉縣的鄉下長大的，在那裡我幾乎沒看過外國人，也很少見過單親家庭。進入高中的升學班之後情況還是一樣，大部分的人都是雙親和睦的家庭，而且有自己的家。在那之前，我一直覺得這些都是理所當然的事情，單親家庭或是混血兒這種事，我只在電視看過。

我在一九九七年進入牛郎界的時候，雙親都在身邊，而且高中畢業的牛郎一

個都沒有。當時的我，完全沒有與那些在不同環境下長大的人相處過，竟然就這樣一腳踏進了自己反而是少數派的世界。

戰後，在歌舞伎町踏上復興之路的時候，原本受日本統治的中國人、朝鮮人、台灣人釋放了異常巨大的能量。駐日盟軍總司令（GHQ）把這些人定位為聯合國的夥伴，還特別為他們發表了相關的聲明，所以他們與美國人一樣，可在占領軍專用的超市採買物資，有許多人也於黑市轉賣這些物資，藉此積累實力。也有不少人在存夠資金之後，在未經開發的歌舞伎町投資或買賣不動產。這些之前受盡日本人欺壓的外國人，想必反動之心也極為強烈吧！

稻葉佳子與青池憲司合著的《台灣人的歌舞伎町》也曾提到，最早呼應鈴木喜兵衛推動都市計畫，在廣場周邊建造地球座（電影院）的也是台灣人。據說直到現在，歌舞伎町有一半的大樓掌握在外國人手中。歌舞伎町有許多韓國人投資的柏青哥店，而且「樂天」就是靠著提供這些柏青哥店獎品而茁壯。今後的歌舞伎町與外國人應該還是會保持著剪不斷理還亂的關係吧！

根據溝口敦所著的《歌舞伎町．可怕的真相》（歌舞伎町・ヤバさの真相）所述，當時在日本找工作的人，常因歧視而無法擔任某些特定工作，所以優秀的人才便從事特種行業的工作。或許，這是他們在歌舞伎町的勢力得以擴張的理由之一。對這些優秀的人才來說，不問來處的歌舞伎町是他們能一展拳腳的最佳場所，而且這種風氣也代代相傳，即使到了我來到這裡的九〇年代依舊鼎盛。

雖然我還沒完全習慣外國人，但就這麼突然與這些在不同環境下成長，擁有不同國籍的人混在一起，我卻完全不在意，也沒有什麼特別印象深刻的事情發生。我想，這是因為歌舞伎町有許多與這些事情完全無關的標準。

更何況，在這裡的每個人都是使用花名討生活，所以早就忘了誰是來自哪個國家這種事。我們大概只會在出國旅行的時候，看到拿著不一樣護照的人才會想起國籍不同這回事。

總之，歌舞伎町有很多外國國籍的人，說他們是外國人，但其中會說日文的人很多。在牛郎店或酒店工作的人，通常都是在日本出生與長大的人，長大之後才來日本的人，通常會在韓國或菲律賓的俱樂部工作。這些人表達雖然不完整，但基本上都會講日文。此外，也還有中國、台灣、泰國、俄羅斯的俱樂部。

最近，我常在路上看到非裔黑人出來拉客。建議大家不要跟著他們去，因為就連我也曾被他們強壯的手臂硬生生抓住，然後硬是要裝熟地喊你「大哥、大哥」。我覺得如果沒有太醉，應該不會跟著他們走，但只要這些人一直待在街上，就一定會有人跟著他們走。醉後的冒險，往往最是恐怖的。

吃軟飯的慣犯，埃及人艾蒙

雖然我與各種國籍的人都有來往，但其中有一位完全不會說日語的埃及人。

某天，有位朋友跟我說，有個道上的人要出售車窗全部貼黑，車盤也調低，外觀很像早期黑道在開的賓士車，問我要不要買，不過我沒有駕照，所以隨口回了句「我會幫忙找找看買家」。

同一天夜裡，另一位朋友跑來找我喝酒，同時問我能不能幫某位埃及人找工作，因為他在埃及的時候，跟這位埃及人很要好。

他告訴我對方的名字叫「艾蒙」，目前一邊陪觀光客玩，一邊靠小費過活。我這位朋友似乎是去埃及當背包客的時候，結識這位埃及人。這位埃及人與前去埃及觀光的日本女性交往，兩人最後還結了婚，所以就拿到了日本的護照，也來日本生活。不過遲遲找不到工作，也被老婆趕出家門，所以才來拜託朋友。

過了幾天，朋友開著他父親的 LEXUS 來找我，還在車子的飲料架上準備了埃及料理黃麻湯要給我。他跟我說，艾蒙原本是軍人，很擅長埃及料理，也很會開車，能不能讓我雇他當司機？

從外貌來看，艾蒙的身形大概比當時的美國總統歐巴馬小一號，算是很典型的阿拉伯人。

沒想到同時間會被不同的朋友提出這種特別的要求，也覺得這兩件事加在一起很有趣，所以我便打電話給另一個朋友，說我要買下那台賓士車。當然，這一切都是喝了酒之後，才這麼得意忘形。

艾蒙從第一天來我家就找不到路。他不會說日文，英語也很破爛，還不知道東京的路，會找不到路也是理所當然。

看來他的前途多舛。不過，他一下子就與公司的夥伴打成一片，是個非常活潑的人，個性也很有趣，身體也是十分靈活。他很擅長打雜，有東西壞掉也會立刻修理。

這還真是典型吃軟飯的體質啊！

曾有人告訴我，不管來自哪個國家，或是說哪國語言，吃軟飯的體質都是天生的。他沒花多久時間就攏絡了公司的人，我當然也不例外。

原來，他哄騙觀光客結婚已經三次了，而且因為這樣生了很多小孩，也已經跟第三個老婆離婚。被趕出家門後，他就住在我們公司的宿舍裡。

艾蒙只會照著導航開車，也很常被臨檢攔下來。我本以為待過軍隊的他，開車可能會比較橫衝直撞，沒想到他卻開得超保險，而且超慢。雖然他不是很棒的司機，但許多夥伴都覺得他是開心果，我是也覺得很開心。我讓他在店裡幫少爺做一些雜事，做得也還可以，員工也都喜歡他。將餐巾放在客人的膝蓋上面時，他會輕輕地隔空放下。問他「為什麼這樣放？」原來是因為他是伊斯蘭教教徒，不能觸碰別人的女朋友。

我覺得這理由很有趣，便帶著他去不同的地方逛逛，甚至連過年的時候，也帶他一起回老家。艾蒙坐在老家的暖桌吃橘子的景象讓人覺得份外新鮮有趣。這家伙很輕佻，到哪裡都會搭訕人，還一副無所畏懼的模樣。

某次我跟他去了間豚骨拉麵的店，當下他也吃得非常開心，但隔天他卻跑來我面前，用一副奸笑的表情並用兩手指著我的臉說：「被你設計了啦！」原來因為那間拉麵店太好吃，他還想要再去一次，所以在網路搜尋了那間店。

從那之後，只要是我推薦的料理，他都會先懷疑再說，但吃完開心地大喊好吃後，隔天又會在搜尋之後，跑來我面前跟我說「被我騙了！」看來這傢伙已經學會拿我當藉口，好讓自己能大快朵頤這些吃了會破戒的食物。

某次夥伴的父親去世，我讓他開車載我到靜岡參加葬禮，沿路上，他口中一直喃喃念著伊斯蘭教的經書。抵達會場之後，我便立刻排隊準備捻香。捻香致意之後，我四處張望，看看艾蒙人在哪裡。沒想到他就排在我後面，而且一副若有所思的神情。在鄉下守夜時，他也好像很忐忑不安。除了我們以外，所有人都在注意他，現場的氣氛讓人覺得很奇妙。他拿著香，跟著別人拜完之後，喪家的夥伴看到這幕都笑了出來。

某次我們去關島員工旅遊的時候，艾蒙也跟著去，但只有他在入境的時候被攔下來，等了一小時也沒放行，所以我們一行人就先去了旅館。

等到隔天早上集合時，艾蒙一臉超不爽的樣子。問他「發生什麼事了？」他氣得直說：「這是種族歧視！」再繼續問下去，他便說在入境的時候，被問住在哪裡，然後他回答公司宿舍的名稱。有趣的是，我們那間宿舍叫做「白宮」，所以海關人員似乎氣得大罵「別開玩笑」。艾蒙氣的是，明明住同一間房間的夥伴就能入境，為什麼只有他要被攔住。海關人員似乎是擔心，這位比歐巴馬小一號的阿拉伯人混在年輕日本人的團體裡，又聲稱自己住在白宮，才不得不把艾蒙攔下來。整趟旅程，艾蒙都為此憤憤不平。

某天我發現艾蒙的駕照過期，便把他找來問清楚，結果他竊竊地笑說：「我的駕照是用阿拉伯文寫的，絕對不會被抓包的啦！」我氣得跟他說：「問題不在這裡。」還讓他去考了駕照，可是不管考了幾次都不及格，他也每次都氣著說：

「這絕對是種族歧視！」然後整個人陷入低潮。

於是，艾蒙問我能不能出錢讓他回埃及一次，只要一拿到駕照，他就會立刻回來。我實在不想再看到他那陷入低潮的模樣，便答應了他的要求。艾蒙要暫時回國的前一天，大家一起去看了格鬥比賽，艾蒙還邊拿著手持攝影機拍大家，邊喊「回憶、回憶」，大家則笑著對艾蒙的鏡頭比中指。我們之間雖然有很多語言上的障礙，但大家總是開心地笑著。

結果，一如大家的預料，艾蒙沒有回來日本。

我的內心像是被挖了個大洞一樣，賓士車也隨便開個價錢就賣掉了。

過了幾個月之後，我收到一則開頭是「ＹＯ！」，英文卻寫得很蹩腳的訊息，原來是艾蒙傳訊息來，說他想要回日本，也語重心長地寫了一堆沒辦法回日本的理由，可是之前他那台手持攝影機已說明了一切，他本來就沒有打算回日本。不過我覺得艾蒙在的時候很開心，所以便向代書諮詢，該怎麼做才能讓艾蒙回來日本，只是這時他已經離婚了，所以重新入境的難度不小。

一來手續很麻煩，二來所費不貲。即使是我，在錢這方面也已信不過艾蒙。我告訴他得自己想辦法回來之後，有段時間他一直傳訊息來跟我說：「很想早點回去日本，幫幫我！」訊息之中隱約透出某種悲情的感覺，也很像是他會說的話。

歌舞伎町是充滿寬容的地方。比起艾蒙的背叛，我更記得他帶來的快樂。與他相處的那兩年，我既不會說英語，也不會說阿拉伯語；他也不太會說日語。

不過，我卻從中學到語言不通，人與人之間還是能成為好朋友，也能互相欺騙。

我的公司有很多來自不同國籍與環境的人。比方說，有第一隻寵物是大象的泰國人，有父親很多位的菲律賓人，有母親還是小學生的時候就生下他的日本人，所以到底什麼叫做「正常」？所謂的正常不過是種假象，而且這種假象只會製造出一堆逼自己符合正常標準的被害者，以及無法符合假象，就覺得自己被排擠的被害者。創造經濟高度成長時期的上班族，真的需要這種正常嗎？

崇尚多元，打造充滿多元性的社會吧！每當我聽到這些話，總忍不住覺得「來歌舞伎町看看不就好了！」我是不太可能拚命學習外國人文化的人，或許有些國家或特殊人種的人會想這麼做，但宗教、生活型態、文化一定各有差異。但是，待在歌舞伎町的人總是會一起工作，一起玩，卻不會因為對方是什麼人而有差別待遇，也會與對方打好關係。我想，所謂的多元性就是在這種千絲萬縷的關係之下自然形成的吧！「〇〇人都那樣啊……」這種以偏概全的言論正是讓每個人都失去個人色彩的原因吧！

話說回來，我只是與艾蒙這個無比輕浮，卻又讓人難以憎恨的同伴度過了兩年而已。

歌舞伎町告訴我「撒嬌有多麼重要」

明星高中畢業的人常有無謂的自尊、自傲

我念的高中，是在地標準偏差值最高的公立高中。班上大部分的同學在國中都是班上的第一名。花了三年，大家才知道待在明星學校的自己不過是井底之蛙，明白自己只不過是個普通人，然後開始摸索屬於自己的路，而我則是將課業放在一旁，將時間全投注在橄欖球上。就是這種自以為是的想法，我才會覺得「只要有心想讀書，隨時都可以重拾書本」。我與許多這樣想的人都不曾遇過學習上的障礙，所以才會覺得人生很簡單，只要想做，隨時都可以成功。

在橄欖球社團之中，與我同梯的大概快六十人，其中一直待在一起的有八人。我們一起去找學生會陳述自己的想法後，分配到八人專用的房間，我們也總是一起窩在那裡。明明這間高中升上大學的機率有99％，但我們這八個人裡面，除了我中途輟學，還有兩個人沒去念大學。

我們三個人都為自己找了「只要想念，就考得上」的藉口，也自以為相當與眾不同，所以假裝自己是法外之徒，進而踏上各自的道路。我們三個人都與同伴斷絕了聯絡。

明明選擇走上法外之徒的路，但卻一事無成，我自己覺得很丟臉，也很懊悔，完全不知道該用什麼表情面對同伴。我對自己脫離正軌這件事很是後悔的，想說其他兩個人的心情跟我應該一樣才對。我覺得，這一切都是在明星學校養成的自傲在背後作祟。

當我全心投入特種行業，覺得自己已經拚盡全力，總算覺得自己是個社會人士之後，那時二十五歲的我總算敢跟朋友聯絡，朋友們也像過去一樣接納了我。至於另外兩個人的其中一人，至今還沒跟任何人聯絡。

我記得那個人是個天才，而且超級有個性。還記得某次上美術課的時候，明明是第一次接觸油畫，他居然沒拿任何畫筆就開始作畫，而且畫到快完成的時候，仍沒有人知道他在畫什麼，因為整幅畫實在太過抽象。到最後，這副抽象畫幻化為靜物畫之後，大家都紛紛放下自己的畫，圍到他身邊不斷地驚嘆。

美術老師說他是本校有史以來的天才，就算是上其他的課，他也可以到美術老師的房間畫畫。他非常了解流行服飾，但我這個來自埼玉鄉下的鄉巴佬卻總是看不懂他的打扮，而且他每週都會帶我們去東京的商店逛逛。他在橄欖球的位置則是動作不靈活，但擒抱很強悍的傳鋒。

我大概知道為什麼他不願意聯絡我們，所以寫了封信寄去他的老家。信裡沒有半句催他聯絡我們的字眼，只告訴他我們還是夥伴。可是我遲遲等不到回信，但也沒有別的方法聯絡了。幾年後，店裡的人告訴我，有個客人說是我的朋友，我走到外場一看，才發現他跟幾個人來店裡喝酒。

儘管他是客人，身邊也還帶著別人，邊哭邊生氣的我仍狠狠地拍了他一掌，接著他也哭著說：「抱歉啦！」原來他看了我寫的信，所以才會來店裡找我。

從那之後，我便跟他保持聯繫。原來他在三軒茶屋那一帶擔任酒吧的店長，沒有從事美術與服飾相關的工作，我偶爾也會去他的店裡喝酒。他的酒量相當驚人，雖然他總是說自己找到了生存的意義，但看起來實在不像他說的。他臉上明白地寫著「這裡不是我該待的地方，我能做的事情還很多！」

我曾在喝醉的時候問現狀如何，但聽他說他是在條件很嚴格的狀態下接任店長，簽的是得負責一定業績的加盟約，所以才會忙得分身乏術，酒量也因此越來越好。看到他那副像昭和初期自甘墮落的文豪模樣，我便跟他說：「這豈不是慢性自殺嗎？」結果向來話不多的他笑著回說：「死不了啦！」我有時會跟橄欖球社團的同伴一起去他的酒吧喝酒，不過比起跟我們喝酒，他似乎更享受與現在的夥伴待在一起，這也讓我覺得非常寂寞。

同是經營八大行業的我，自以為是地給了一些建議，不管是經營面的建議，還是與老闆的相處之道。我也提了好幾次，可以居中協調的事，但他說自己會想辦法，所以沒採納我的建議。他完全不願意依賴我，這也讓我覺得很寂寞。

我一直認為，「依賴他人」是從事八大行業非常重要的一件事。

歌舞伎町的酒店開幕派對，向來不是單純地邀請客人出席的招待制，而是要請客人用力花錢的派對。舉凡店家的創業記念日、相關人士的生日，這些特別的節日都需要來賓花比平常更多的錢，這時候就與前後輩無關，是得付錢一起慶祝的事。

此外，就算是很大牌的媽媽桑或紅牌牛郎來店裡，也不會特別請她們客，因為客人是撒嬌的對象。

沒錯，八大行業靠的就是撒嬌。

我經營的 Smappa! Group 的企業宗旨之一，就是「解決問題的是夥伴」。遇到問題的時候，當事者通常會失去冷靜，但從別人的角度來看，牛郎與客人之間的問題或是夫妻之間的口角，往往都是無關緊要的小問題，而這些小問題都能交由第三方的「小助手」處理，所謂的小助手就是沒被指名的牛郎，所以牛郎都可以接受指名，也能擔任小助手。假設客人與指名的牛郎起口角，小助手可先介入，請雙方「冷靜、冷靜」，然後聽聽客人與牛郎的說法再調停。因為有小助手幫忙，所以雙方才不至於撕破臉，也能說出真正的想法。

小助手在牛郎店扮演著非常重要的角色，甚至是因為有值得信賴的小助手，牛郎才能在牛郎店工作。若從客人的角度來看，除了與指名的牛郎玩樂之外，與小助手來往也是來牛郎店的樂趣之一。

被指名的牛郎會理所當然地依賴小助手。牛郎會跟小助手說一些想跟客人說的話，再交給小助手跟進。這些話的內容有時會是「今天至少想達到這樣的業績」，或是「我跟○○客人有點嫌隙，等○○客人心情變好後再叫我」，有時則是「工作結束後，幫我陪某個客人出場」，有太多事情會順理成章地拜託小助手，此時也不會講什麼輩分，小助手也都會奮不顧身地幫忙，這就是牛郎店的文化。

不顧身體被病魔侵蝕的他，最終死於長期酗酒。對天才來說，這個社會實在痛苦得難以生存。他一直看不慣這個社會，這個社會也一直無法接納他。

到底什麼是朋友？什麼又是夥伴？我能說，不願依賴我的他是我的朋友嗎？我們一起度過了無可替代的高中時代，也互相影響了彼此。我們曾一起拚了命練習橄欖球，也曾因為比賽的輸贏又哭又笑。我們總是一起受傷、一起做重量訓練，我們做什麼總是都一起。

可是他卻不願依賴我，我也沒辦法逼他依賴我。

他的父母親要我去他的老家，我也找了橄欖球社團的夥伴一起去。他的父母給我看了十五年前我寄給他的信，說是他一直把這封信收藏在抽屜裡。只是，這封信早已變得斑黃。

「既然如此，為什麼不多依賴我一點啊？」看到信的我怎麼也止不住悔恨的淚水。

「我懂他的心情，因為是朋友，所以想平等地相處，想肩並肩一起走，就是因為他把你當成朋友啊！」這時有位夥伴回答。

但我還是無法理解他的心情，或許是我早已習慣歌舞伎町的生存模式。一直以來，我接受了許多歌舞伎町的夥伴幫忙，一路依賴客人與一起工作的夥伴，直到現在仍受到他們的照顧。

原來歌舞伎町幫助了我，原來我在歌舞伎町學會撒嬌這件事。

只憑一己之力，絕對不可能活下去。或許長年在歌舞伎町工作，就能學會撒嬌的技巧，所以我才能活到現在。

後記

拜金主義的韌性

新冠肺炎疫情與房租

新冠肺炎爆發後，我放棄續租集團旗下的某間小酒館。這間小酒館的空氣比較不流通，而且也位於地下室，我曾拜託大樓的房東更換通風設備，但對方拒絕，所以很難重新營業，對方也不願調降房租。

我曾再三向行政機關與振興公會提出，真正該改變觀念的是大樓房東。

新冠肺炎期間，被媒體公開處刑的餐廳都為了保住店面與員工而拚命，也在緊急事態宣言結束後，開始提供大家都還不太熟悉的外賣與午餐。儘管營收還是赤字，但還是拚命掙扎，但房租卻沒降過半毛錢，日本補助房租的政策也等了好久才正式啟動。在政策正式上路之前，大部分的大樓房東都沒有調降過房租。我覺得就算房東沒調降房租，至少該一起思考防疫的對策。

歌舞伎町的房租在這短短幾年內不斷飆漲，幾乎沒有店面是閒置的，面向大馬路的店家幾乎都是以外國觀光客或陌生客為主的大型連鎖商店。房租已漲到店家必須同時達成壓低成本和拉高翻桌率這兩個條件，才能繼續經營的天文數字。就算不是面向大馬路的店面，房租也貴得非常離譜，所以若不是社交飲食店、性產業這類客單價較高的店家，或是非法營業的黑店，恐怕都租不起店面。若引用《歌舞伎町．可怕的真相》的敘述，可用「整個歌舞伎町就是敲竹槓的地方」作為結論。

一如118頁所述，歌舞伎町的大樓房東幾乎都是職業房東。「到底要有什麼樣的店家進駐，歌舞伎町才能成為充滿魅力的地方？」在思考這個問題之前，這些職業房東就像是商人般不斷地炒高房租，也只想打安全牌，所以只能租給毫無特色的連鎖店。

最先因為新冠疫情倒閉的，就是這類連鎖商店。

新冠疫情剛爆發的時候，歌舞伎町商店街振興公會曾開會討論該公會持有的大樓該如何調整房租。公會成員幾乎都是大樓房東，每個攤位也都提過調降房租的要求，所以這些公會成員才開會討論要因應這些要求的做法。理事長與幹部本來覺得，財務較為寬裕的振興公會應該會立刻答應這些要求。不過有幾名公會成員認為，振興公會的大樓若率先調降房租，歌舞伎町的租賃行情就會下降，其他大樓也必須跟著調降，所以振興公會不該先調降房租。

租賃雙方都是精打細算的生意人，這也很有歌舞伎町的特色。幾個月之後，客人還是沒有回到歌舞伎町。重新召開防疫對策會議之後，出現了一句足以形容歌舞伎町韌性的一句話。那就是……

「再這樣下去，大家都會搬離大樓，只剩下情色產業的店家喲！」

歌舞伎町本來就是這樣形成的，歷史就是像這樣一再重演。

源自拜金主義的從容

二次世界大戰之後，鈴木喜兵衛為了將歌舞伎町打造成一座充滿道義的繁華地區，規劃了歌舞伎町的輪廓，也不斷地追求所謂的理想，但卻與在地居民的生活背道而馳。備受喜兵衛期待的助手藤森作次郎雖然繼承了一方土地，卻選擇鑽營自己的生意，而不是協助喜兵衛。

當喜兵衛窮困潦倒之際，在地居民曾向喜兵衛打小報告，說作次郎因為替進駐軍提供了慰安所而大賺一筆，但喜兵衛向來不拘小節，只說男人的價值在於事業成功與否。

聽說，作次郎的口頭禪是「就算有人在背後指指點點又如何？反正背後又沒有長眼睛，請一心向前地活下去吧！」（節錄自《新宿歌舞伎町物語》）。

作次郎的態度與近年來不斷強化的資本主義理論似乎不謀而合。這就是自二次世界大戰之後延續至今的歌舞伎町的真實樣貌。簡單來說，歌舞伎町的居民摒棄了喜兵衛，選擇了作次郎作為他們的領袖。

就某種意義來說，這種清濁並流的拜金主義會平等地接納任何人，也允許任何產業紮根。

鈴木喜兵衛雖然想把歌舞伎町打造成充滿文化的地區，但歌舞伎町最終仍成為新舊交迭迅速的地區，也成為以性產業為主，由拜金主義主導的地方。

二〇〇三年，歌舞伎町執行所謂的「淨化作戰」之後有不少攤位空了出來，行政機關與在地人士也於二〇〇五年一同制定了歌舞伎町「文藝復興憲章」，試著以文化振興歌舞伎町，但此舉卻導致全套店轉型成外送茶，各地的黑店也紛紛湧入歌舞伎町。地痞集團也趁機入侵歌舞伎町，牛郎店成為主流的在地產業。

文藝復興憲章裡面有這麼一段話。

「創造新的文化，打造充滿活力的街道。①讓歌舞伎町成為二十四小時、三百六十五天，誰都能來這裡娛樂的地區。②讓歌舞伎町成為向全世界提供影像、舞台劇、音樂和其他流行資訊的地區。③讓歌舞伎町成為與全世界每個人交流的文化薈萃之地。」

這段話到底是誰向誰說的呢？

幾乎沒有人像以前的我一樣，既是歌舞伎町的居民，又深愛著歌舞伎町。然後，大樓房東幾乎都不住在歌舞伎町裡。

在這裡只有簡單明快的拜金主義。

在歌舞伎町這裡，名片是不管用的，只有能一擲千金的人才能代表正義，所以才能沒有半點牽掛地活下去。

擁有任何立場的人都打從心底認同這樣的型態，所以歌舞伎町才得以維持現狀。

文化之類的東西不可能在這裡蘊釀。

正因為歌舞伎町是這樣的地方，所以我才能待在這裡。

歌舞伎町將會如何改變呢？

我不知道，而且歌舞伎町也不是誰想改變就能改變的地方。不過，未來的歌舞伎町肯定與喜兵衛的理想沒有半點關係吧！

讓「沒有文化的歌舞伎町」誕生出文化

去年，振興公會的理事長曾在公會的理事會強烈呼籲，希望能在 Cinecity 廣場打造大型溜冰場，作為慶祝耶誕節的活動。二〇二二年，東急將於 MILANO 座的舊址興建大樓，大型溜冰場就是與東急一起策劃的活動。其實只要看了試算表就會知道，這場活動明擺著會賠錢，但理事長和其他幹部早有賠錢也要辦的決心，所以我沒有管太多，也沒辦法從旁協助，只能假裝視而不見，這場活動最終沒有想像中的熱鬧。不過，爬梳新宿的歷史之後，有件事讓我大吃一驚。原來一九五六年的時候，東急與喜兵衛一同打造溜冰場之後，曾吸引了大批年輕人來到歌舞伎町。

原來理事長沒忘記喜兵衛的理想啊！對於理事長和準備建造大樓的東急而言，再次舉辦相同的活動或許是為了延續喜兵衛的理想。

東急也打算在新大樓尚未落成之前舉辦座談活動，或是舉辦歌舞伎町的巡覽活動，希望重新檢視文化，讓新的文化有機會萌芽，也準備在新大樓設置大型展演空間與劇場。我與振興公會的柴本新悟是同世代的人，我們兩個希望能一年舉辦一次串連歌舞伎町展演空間的巡迴活動，強化歌舞伎町在音樂方面的特色，我希望小型DJ酒吧的數量，能比以前更多。

二次世界大戰之後，有一個黑市叫做 Lucky Street，而當新冠疫情爆發之後，有個男人在黃金街利用沖繩美軍基地與福島限界區域（人口外流嚴重的區域）的廢棄建材，打造了一間名為 Lucky 的店，想必這裡將會成為意見交流的場域。

過去曾有一群睿智的台灣經營者打造了「名曲喫茶」（以高價音響設備為號召的咖啡廳），在當時也引起了一股旋風。

一如振興公會的人所擔心的，之前的連鎖商店應該很難進駐今後的歌舞伎町，如此一來，情色相關的店或是氣氛詭異的店將越來越多，但肯定會吸引人潮。

振興公會如何帶領歌舞伎町也將越來越重要。

今後的歌舞伎町到底會有什麼樣的文化誕生呢？我也非常期待。

鈴木喜兵衛曾希望歌舞伎町是個充滿道義的鬧區，但我則私心期待歌舞伎町可以有「一小塊地方」能符合鈴木喜兵衛的理想。或許，這「一小塊地方」將奠定歌舞伎町的未來。

由衷希望接下來的自己能成為歌舞伎町的一小段歷史。

結語

「每個人真的都覺得家是休憩之處嗎？」

跳著動感舞蹈的藝人，一再宣傳「留在家裡，減少出門」的樂趣，政府高層優雅地抱著狗兒，一派悠閒地呼籲大家「宅在家」，享受輕鬆的時光。

但是，有些人沒辦法在家裡唱歌，有些人沒辦法悠哉地待在家。

若從宏觀的角度來看，姑且不論那些不想待在家裡的人，讓絕大多數的人待在家，的確能阻止新冠病毒蔓延。

不過，這些政府高層請給我好好想想。

我總是會想到那些不想待在家的人，以及沒辦法待在家的人。

我絕不是那種什麼都不管，只想到自己的人。

我知道，這社會上的確有這樣的人。

本書的主角是那些沒辦法待在家的人，是那些以歌舞伎町為棲身之處的人。

很多人沒辦法在所謂的「家」活出自己，也有很多人只能從別人的眼中知道自己的模樣。

這個社會有好人也有壞人，有能幹的人也有無能的人。

每個人都有充滿活力的時候，也有沮喪的時候，當然也有無能為力，希望別人伸出援手的時刻。

我沒辦法跟那些人清楚劃清界線。

每個人都是在歌舞伎町這裡，站穩自己腳步的人。

＊感謝武岡暢先生、渡邊祐真先生在看過草稿之後給予建議，也感謝幻冬舍的竹村優子小姐長期以來的照顧。在此獻上感謝。

二〇二〇年十月三十日　手塚真輝

歌舞伎町放浪記
解禁！新宿夜王赤裸告白

作者　手塚真輝（手塚マキ）
翻譯　許郁文

責任編輯　蔡穎如
封面設計　兒日設計
內頁編排　林詩婷

行銷企劃　辛政遠
　　　　　楊惠潔
總編輯　姚蜀芸
副社長　黃錫鉉
總經理　吳濱伶
首席執行長　何飛鵬

出版　創意市集
發行　英屬蓋曼群島商家庭傳媒股份有限公司城邦分公司
Distributed by Home Media Group Limited Cite Branch
地址　104 臺北市民生東路二段141號7樓
7F No. 141 Sec. 2 Minsheng E. Rd. Taipei 104 Taiwan

讀者服務專線　0800-020-299 周一至周五09:30～12:00、13:30～18:00
讀者服務傳真　(02)2517-0999、(02)2517-9666
E-mail　service@readingclub.com.tw
城邦書店　城邦讀書花園 www.cite.com.tw
地址　104臺北市民生東路二段141號7樓
電話　(02) 2500-1919　營業時間：09:00～18:30

ISBN　978-986-0769-59-3
版次　2022年3月初版1刷
定價　新台幣380元 / 港幣127元

製版印刷　凱林彩印股份有限公司

國家圖書館預行編目(CIP)資料

歌舞伎町放浪記：解禁！新宿夜王赤裸告白 / 手塚真輝 著；許郁文 譯． -- 初版． -- 臺北市：創意市集出版：英屬蓋曼群島商家庭傳媒股份有限公司城邦分公司發行，2022.03
　面；　公分
ISBN 978-986- 0769-59-3（平裝）

1. 特種營業　2. 日本東京

544.767　110019346

香港發行所　城邦（香港）出版集團有限公司
香港灣仔駱克道 193 號東超商業中心 1 樓
電話：(852) 2508-6231
傳真：(852) 2578-9337
信箱：hkcite@biznetvigator.com

馬新發行所　城邦（馬新）出版集團
41, Jalan Radin Anum,Bandar Baru Seri Petaling,
57000 Kuala Lumpur,Malaysia.
電話：(603)9057-8822
傳真：(603) 9057-6622
信箱：cite@cite.com.my